ちくま学芸文庫

村井章介

筑摩書房

目次

第三章　鎌倉幕府と武人政権——日本と高麗　89

第四章　アジアの元寇《げんこう》——一国史的視点と世界史的視点　119

第五章　「日本国王」の成立——足利義満論　151

増補　中世日本の内と外

はじめに――まじりあう内と外

現代の日本人は、日本の国の内／外をどのように意識しているのでしょうか。たぶん思い浮かべられるのは、国際空港における出入国手続き、領海を侵犯する「国籍不明船」やボート・ピープル、あるいは街角や店で見かける外国人の姿、といったところでしょう。「北方領土」や「竹島」「尖閣諸島」などの領土紛争に思いをいたす人もいるでしょう。外国へのひとり旅を経験した人なら、「日本」という空間の外に立ったときの孤独や緊張感、あるいは自由や解放感を思い出すかもしれません。

いずれにしても、現代の内／外は、空間（つまり領土や領海）にそくしても、人間（つまり国籍や居住権）にそくしても、どの「主権国家」に帰属するかによって、明瞭に区分されています。

たとえば福建《ふっけん》の人たちを乗せた密航船が、五島あたりで発見され、当局に捕まったとします。そのニュースを聞いて、彼らを犯罪者として非難の眼で見る人もいれば、その境遇に同情する人もいるでしょう。しかしどちらの場合でも、彼らが「内」なる日本人とは異なる「外」の人間だという認識は、ゆらぐことはないでしょう。ではこのような、日本の内／外に明瞭な境界線が存在するという感覚は、ずっと以前からおなじだったのでしょうか。

そもそも「国籍」や「国境」といった概念が、世界中で通用する標準となったのは、そんなに古いことではありません。個々の国家領域をこえた場で通用する「国際法」という考えかたは、一七世紀前半に、オランダの法学者グロチウス（一五八三〜一六四五）によって理論化されました。日本が国際法の諸概念を受け入れはじめたのは、「黒船」で突きつけられた条約体制をどう受け入れるかが問われた、開国から明治維新の時期、つまり一九世紀後半のことでした。

ここで、ひとつの質問を、問題を考えるてがかりとしたいと思います。質問というのはこうです。

北海道の函館や松前周辺をのぞく大部分は、江戸時代、どこの国の領土だったでしょうか？
そんなの日本に決まっている、と思われるかもしれません。しかし一八世紀のすえ、ロシアの船が北から北海道近海にあらわれるまでは、江戸幕府は北海道の大部分を「無主の地」として扱っていました。

江戸時代、北海道に存在した唯一の藩が、渡島《おしま》半島西南端の松前を城下とする松前藩です。将軍が交代すると、将軍から各藩主の支配権を再確認する「領知判物《りょうちはんもつ》」とよばれる書面が交付されました。この書面には「石高《こくだか》」が記載されるのがふつうでした。石高というのは、藩領の生産力をすべて米の量に換算して総計した数値で、年貢の量を定める基準となり、また藩の格式をもあらわすものです。しかし、松前藩主にあたえられた領知判物には、この石高の記載が欠けていました。

領知判物に記された石高は、その藩の領地を幕府が数量的に把握して、その領域的支配をゆだねるという意味をもっていました。したがって松前藩の場合、北海道にたいする領域的支配権をあたえられてはいなかったことになります。では、松前藩が北海道におよぼしていた支配とは、どんなものだったのでしょうか。

「内地」の諸藩では、大名が家臣にあたえる俸禄には、藩領の年貢の一部があてられました。それが松前藩では、北海道内の河川の河口地点に設けられるアイヌ民族との交易拠点=商場《あきないば》を、家臣に分与し、そこから上がる収益が俸禄とされていたのです。これを「商場知行制《あきないばちぎょうせい》」とよんでいます。この制度は、江戸時代後期になると、アイヌとの交易を藩外の商人に請け負わせ、上がった収益の一部を藩士が受け取る「場所請負制《ばしょうけおいせい》」へと変化します。

いずれの場合も、アイヌ民族は、「内地」の藩領における百姓とはまったく違って、幕府や松前藩の領域的支配の対象外とされていました。これを当時のことばで「化外《けがい》の民《たみ》」と表現しています。松前藩の領域的支配は、松前を中心に道南の一部におよんだにすぎません。幕府や松前藩は、この領域を「和人地」と呼び、和人地をのぞく北海道の大部分および南千島、樺太《からふと》を「蝦夷地《えぞち》」と呼んでいました。

もちろん経済的には、藩士や商人などの和人によって、アイヌ民族は過酷な搾取にさらされ、従属を深めていきました。また政治的にも、アイヌ首長が藩の役人にたいして、ウィマム(御目見得《おめみえ》)という服属儀礼を行うことが慣例となっていました。むしろ「化外の民」という位置づけは、支配の見返りとしての保護の義務から、幕府や松前藩を解放する機能をはたしたといえます。

しかしアイヌ側に視点を移すならば、「蝦夷地」とは「われらの大地」（アイヌ・モシリ）にほかならず、そこに住むアイヌは、和人、ギリヤークなどの北方諸民族、さらには明・清朝やロシアなどとの交易で生きている自立的な民でした。民族として独自の国家を作るにはいたっていませんでしたが、内部には北海道西部アイヌ・同東部アイヌ・千島アイヌ・樺太アイヌなどの下位集団があり、首長たちによる政治的な支配が生まれていました。それを背景として、一六六九年のシャクシャインの戦い、一七八九年のクナシリ・メナシの蜂起など、和人の圧迫にたいする抵抗も見られました。

以上のような蝦夷地の状況は、ロシアがシベリアを突きぬけて東方の海に到達し、日本近海に出現するにいたって、大きく変わります。一七七九年、ロシア船が厚岸《あつけし》に来て日本との通商を求めたのを皮切りに、一八一〇年代にかけて、蝦夷地へのロシア人の植民や、ラクスマン、レザノフら外交使節の来航、あるいは千島や樺太における日ロ両勢力の衝突があいつぎました。

幕府は、ロシアとの対抗上、蝦夷地の軍事的重要性を痛感し、千島・樺太方面の探索に最上徳内《もがみとくない》・間宮林蔵《まみやりんぞう》・近藤重蔵《こんどうじゅうぞう》らを派遣するいっぽう、一八〇二年には箱館奉行を設置して、松前藩の頭ごしに蝦夷地管轄に乗り出しました。また一七九九年には、東蝦夷地（北海道の太平洋側）を七年間をかぎって幕府の直轄領にし、一八〇二年にはこれを無期限にあらため、一八〇七年には西蝦夷地（北海道の日本海側）も直轄化しました。居場所のなくなった松前氏は、陸奥《むつ》梁川《やながわ》に移封されてしまいます。

その後、北方の緊張がややゆるんだ一八二一年、蝦夷地は松前氏に返されましたが、日米和親条約が結ばれた一八五四年、幕府はふたたび蝦夷地を直轄化して箱館奉行を再設置します。やがてこれが明治維新にいたって、北海道開拓使へと引きつがれることになります。

こうして中央政府による蝦夷地掌握が強められるいっぽう、国際法上、ロシアとの領土関係の明確化が求められました。一八五五年の日露和親条約では、千島についてはウルップ島以北をロシア領、エトロフ島以南を日本領としましたが、樺太についてはは両国人雑居のまま残されました。開拓使設置後、一八七五年の樺太千島交換条約によって、全千島は日本、樺太はロシアの領土と決まり、日ロ間の領土問題は、ひとまず解決をみることになります。

しかし、この「解決」にいたる過程は、アイヌにとってみれば、アイヌ・モシリにたいするみずからの権利を、主権国家間の頭ごしの交渉を通じて、徹底的に剝奪される過程にほかなりませんでした。

「化外の民」であったアイヌは、明治維新後、「近代的」土地法制のもとで、狩猟や漁労の場として利用してきた土地の所有権を認められず、多くの人びとが先祖代々住んできた土地から追い出されることになりました。

一八九九年に明治政府が制定した「北海道旧土人保護法」は、アイヌの権利保護を謳っていましたが、いっぽうでアイヌを〝二流の日本国民〟として固定することになりました。ちなみにこの法律が、「アイヌ新法」の成立にともなって廃止されたのが一九九七年であったことも、記憶にとどめておいてよいでしょう。

以上のべたように、私たちが当然と感じている国境・国籍などの概念は、厳密には近代の産物でした。前近代においては、国家領域の外延部は中心部とは異なる性格をもっていて、そこの住民は「化外の民」として、基本的に政治的支配の対象外の存在でした。そしておなじ空間がとなりの国家の外延部でもあったのです。こうした空間を、国家領域のはざまにある〈境界〉とよぶことにします。

ここでいう〈境界〉は、現代の国境のような、地図上で面積のない線であらわされるものとは違っています。蝦夷地の例で見たように、それ自体が幅をもつ茫漠とした広がりでした。そしてアイヌのように、そうした広がり自体を生活の場とする人びとが暮らしていました。こうした〈境界〉をささえている経済的な基盤は、複数の国家領域を結ぶ交易活動であり、アイヌのような人びと――これを〈境界人〉として概念化することもできます――はその交易の担い手でした。

つまり前近代の内／外は、まったく性格を異にする空間としてはっきりと分けられるものではありません。あいだに〈境界〉をはさんで内から外へ、外から内へと連続する空間の連鎖だったのです。こうした内／外の独特な関係のあり方を、日本の中世――ここでは幅を通説より広くとって、九世紀から一七世紀前半までとします――にそくして考えてみたい。これがこの本をつらぬく視点の第一です。

さらに内／外の歴史を考えるには、もうひとつ有効な視点があります。ある軸にそって「内」と「外」とを比べることによって、「内」の本質をより深く理解しようとする「比較史」の視点です。

さきにあげた江戸時代の蝦夷地に例をとると、日本とロシアとはともに〈境界〉をわが国家領域にとりこもうとしつつも、その方法はかなり違うものでした。日本は、幕府や和人の「徳」によって交易場にアイヌを招きよせる方法をとりました。ロシアは、自身がアイヌ社会のなかに「植民」して拠点を確保する方法をとりました。この相違の背景には、中国文明圏とヨーロッパ文明圏とで、「外」の世界とのかかわりかたに伝統的な差があったという事情がありそうです。

この本では、中世の日本がたどった歩みを、朝鮮を中心にアジアの諸地域との比較を通じて、意味づけてみたいと思います。

第一章　自尊と憧憬——中世貴族の対外意識

生身《しょうじん》の釈迦霊像（京都・清涼寺蔵）

二通の太政官符

中世の支配層は、国の内／外をどのように意識していたのでしょうか。そのありようは古代とどう違っているでしょうか。それは「外」から「内」へはいってくる者にたいする姿勢にもっともクリアに表れるでしょう。そこで、朝鮮半島の新羅《しらぎ》から大宰府《だざいふ》にやって来た人の取り扱いを定めた二通の太政官符《だじようかんぷ》（律令国家の最高官庁である太政官が発する命令書で、略して「官符」ともいう）を読みくらべてみましょう。

一通目は、奈良時代の宝亀《ほうき》五（七七四）年のものです。

時に来着する新羅国人には、帰化と流来の二種がある。もし流来なら、日本に来たのは彼らの本意ではないから、そのつど本国へ放還して、わが方の広い心を示せ。乗船が破損していたら修理してやり、旅費がない者には食糧を与えて発還せよ。ただし、帰化の目的で来た者は、例によって報告せよ。

新羅人が帰化を求めることは、日本の国家に徳があることを証するものであり、彼らに国内居住を許すのが律令国家の方針でした。流来者を放還する場合でも、国家の度量の大きさを示そうという意識が前に出ています。

二通目は、平安時代のはじめ、承和《じょうわ》九（八四二）年のものです。

大宰大弐《だざいのだいに》から、「新羅は、昔から日本に朝貢《ちょうこう》してきた国なのに、聖武《しょうむ》天皇の治世（七二四～四九年）以来、旧例に従わず、つねに邪心を懐き、貢ぎ物を納めず、貿易にことよせてわが国の消息を窺っております。現在、民は困窮し食も乏しく、不慮のことがあったらどうして災いを防げましょう。彼らの入境を一切禁止するようお願いします」と言ってきた。国の徳は遠きにおよぶもので、外蕃《げばん》が帰化を願ったとき、いっさい入境を禁ずるのは、人の道に背くように思われる。流来に準じ、食糧を与えて放還せよ。

帰化は有徳《うとく》のしるし、という考えはここにも見られますが、もはや国の度量を示そうという余裕はなく、新羅人への疑心暗鬼が目立っています。帰化新羅人を受け入れるという方針は変更され、流来者とおなじ扱い、つまり食糧を与えて放還ということになりました。

このような国家の方針の大転換がなぜおきたのでしょうか。この問いを解くには、新羅との関係の歴史を見る必要があります。

新羅は、六七六年に朝鮮半島を統一し、七三五年には唐の干渉をはねのけて、大同江《テドン》を唐との国境と定めます。もはや新羅には、三国時代のように、外交上の立場の強化を目的に日本に朝貢する動機はありませんでした。八四二年の官符は、聖武朝から両国の関係が悪化したとのべていますが、聖武朝は、新羅が朝貢国としての態度をあらためて、日本と対等の関係を結ぼうとする行動をおこした時期だったのです。

七三五年、新羅から日本へ遣わされた使者は、国号を日本の許しなく「王城国」とあらためた、という理由で追い返されました。翌年には逆に、日本の遣新羅使《けんしらぎし》が追い返されます。この使者は七三七年に帰国して、「新羅国は常礼を失って、使者の言を聞こうとしない」と復命しました。奈良の朝廷では「派兵して征伐せよ」という強硬な意見も出ましたが、結局伊勢神宮や北九州のおもな神社に捧げ物をして、「新羅無礼の状」を神に告げることに決まります。

七四三年に日本に来た新羅使は、携えてきた土産物のことを、それまでの「調《ちょう》」でなく「土毛《どもう》」と称しました。「調」は朝貢国からの献上品ですが、「土毛」はたんに国産品の意味で上下関係のニュアンスはありません。

こうした新羅の態度に憤激した日本では、七五九年から藤原仲麻呂《ふじわらのなかまろ》（恵美押勝《えみのおしかつ》）を中心に、新羅征討計画が練られ、実行の一歩手前まで行きます。その間にも新羅使の追却はつづき、ついに新羅は、七七九年を最後に、日本への使者派遣をやめてしまいます。

自閉する貴族

新羅との関係の冷却化は、新羅の自立的態度だけによるものではありませんでした。天長《てんちょう》八（八三一）年の官符は、新羅人が大宰府にもちこむ貿易品について、府官（大宰府の役人）の立会いのもとに公定価格で取引きすることを命じたものですが、外国の商品をまえにした九州の人びとのようすを、「愚闇《ぐあん》の人民が金に糸目を付けず、争って買い取る。外土の評判に目がくらんで、国内の器物をさげすむ」と描いています。

八四〇年には、新羅の地方豪族で東シナ海を舞台に貿易で巨利をあげていた張宝高《チャンボゴ》という人物が、使者を大宰府に送って献上品を捧げましたが、中央政府は、宝高に外交を行う資格なしとして追却を命じています。しかし現地では、筑前守《ちくぜんのかみ》の文室宮田麻《ふんやのみやたま》呂《ろ》が宝高に、ひそかに「唐国《からくに》の貨物」の買い付けを依頼していました。ここには、九州の人びとと新羅の地方勢力とが、国家間の外交によらずにつながろうとする動きが見えます。

しかもこのつながりは、双方の国家支配を揺るがしかねない危険性をはらんでいました。あたかも当時、両国とも古代的な支配体制にほころびが生じ、中央政府が地方を掌握しきれない事態が生まれていました。さきほど見た八四二年の官符には、「現在、民は困窮し食も乏しく、不慮のことがあったらどうして災いを防げようか」という不安が告白されていましたが、さきの宮田麻呂は、八四三年に謀反のとがで伊豆国に流刑になっています。

張宝高の根拠地は、朝鮮半島南西岸の莞島《ワンド》にある「清海鎮《せいかいちん》」という堅固な海城で、中国や日本に渡航するのに絶好の立地でした。彼も、新羅の政権に深く食いこんだすえに、八四一年反乱をおこして殺されています。

八三九年、朝廷は大宰府に、よく風波に耐えるという理由で「新羅船」の建造を命じていますが、宝高の勢力が三国を股にかけて往来したのはこうした船だったでしょう。そして造船技術で新羅よりおとっていたことが、日本政府に国防上の不安をいだかせたのです。

八六九年、日本政府の対新羅姿勢を決定づける事件がおきます。新羅の賊船二艘が筑前国那珂《なか》郡荒津《あらつ》にあらわれ、豊前《ぶぜん》国の貢納物運搬船《こうのうぶつうんぱんせん》をおそい絹綿をうばって逃走しました。小規模な海賊事件にすぎませんが、大宰府の目の前で国家への貢納物がみすみすうばわれてしまったせいか、日本側の受けた衝撃はきわめて大きなものでした。

翌年、朝廷は伊勢や宗像《むなかた》の神前で天皇の詔《みことのり》を読み上げて国家安泰を祈りました。その詔には「わが日本朝はいわゆる神明の国なり。神明の助け護《まも》り給《たま》えば、何の兵寇か近来すべき」と記されています。のち日本の国家意識として根を張るにいたる「神国思想」が、ここには明瞭に出ています。

また、「神国思想」の裏面として、新羅人にたいする猜疑心と蔑視が露骨に表現されるようになります。同年、朝廷は帰化を願って九州に来た新羅人三〇名と、以前より九州に居住していた新羅人を、「陸奥の空地」に移すことを命じます。それを記した天皇の勅《ちょく》には、「蕞爾《さいじ》の（虫けらのような）新羅、凶毒狼戾《きょうどくろうれい》（狼のように心がねじけた）」あるいは「この連中は表むき帰化を装っているが、内心は逆謀を懐いており、もし新羅からの侵略があれば、かならずや内応するだろう」などと記されています。

八世紀と九世紀とで、日本国内に住む帰化新羅人自身の性格に、根本的な変化があったとは思えません。変わったのは彼らを見る日本の支配層の眼のほうでしょう。この時期に目立つ帰化新羅人の反抗も、その背景には疑いの眼で見られることにたいする反発があったのではないでしょうか。

新羅の脅威は、日本の古代国家が重視してきた唐との関係にも影響をおよぼします。遣唐使の航路のうち、朝鮮半島の西海岸を経由するルートが敬遠され、当時の航海技術では危険の多かった東シナ海直航ルートや琉球列島ルートが選ばれるようになりました。しかし九世紀にはいると、世界帝国唐もはっきりと衰退の様相を見せており、大きな危険をおかしてまで使者を送るメリットはなくなりつつありました。

八三八年に出発して八三九年に帰着した第一六次の遣唐使が、結果として最後となります。これが帰化新羅人の処遇を排外的な方向へ転換させた官符とほぼ同時期なのは、偶然ではないでしょう。

さきにのべた八七〇年の詔には、「国家の大禍」として、新羅の脅威のほかに、「夷《い》俘《ふ》（蝦夷《えみし》）の逆謀叛乱」「中国（畿内）の盗兵賊難」「水旱《すいかん》風雨」「疫癘《えきれい》飢饉《きん》」が列挙されています。国の内外に満ちるこうした困難のなかで、神の霊力によって荘厳《しょうごん》され、守られた空間（つまり神国）の内に閉じこもることによって、中国とは対等、朝鮮半島の国家にたいしては優越という、日本の支配層にとって望ましい対外関係を、観念のなかで保存していくという思考のパターンが形成されます。これが以後の貴族の対外観の伝統となっていきます。

内外の遮断

右のような支配層の自閉的対外姿勢が成立する九世紀は、ケガレを忌む観念が彼らの意識を決定的にとらえるにいたった時代です。平安貴族のケガレにたいする畏怖は、私たちの常識では了解しかねるところがあります。

建物の屋根に鳥が糞をしたという程度のことで大騒ぎをするのです。そして、ある空間（甲）がケガレた状態になりますと、つぎにうっかりその空間にはいってしまった人（乙）もケガレてしまい、さらにその人と接触した人（丙）にもケガレが移ります。これをケガレの伝染した順に甲穢《こうえ》、乙穢《おつえ》、丙穢《へいえ》といい、それぞれの場合ごとにケガレを拭う手だてや、ケガレが消えるまでの日数が、細かく定められていました。

こうしたケガレ観が国家領域の観念と結びつきます。貞観《じょうがん》年間（八五九～七七年）に成立した書『儀式』に、現在の節分にあたる追儺《ついな》の行事についての記述があり、一〇世紀初頭の『延喜式《えんぎしき》』にも引き継がれますが、そこに日本国の東西南北の境界が登場します。

> 穢《きたな》く悪《あし》き疫鬼《えきき》の所所村村に蔵《かく》り隠《かくら》ふるをば、千里之外、四方之界、東方陸奥、西方遠値嘉《おちか》（五島列島）、南方土左《とさ》、北方佐渡よりをち（遠く）の所を、なむだち（お前たち）疫鬼之住《すみ》かと定賜《さだめたま》ひ 行《おこない》賜て、……

節分につきものの鬼は姿かたちをあたえられたケガレです。その鬼を境界の外に追い払うことで、国家領域は浄らかな空間として保たれたわけです。

京都に現れた疫鬼たち。『融通念仏縁起絵巻』（クリーブランド美術館蔵）

つまりここで国家領域とは、ケガレをその内から追放すべきひろがりとして考えられています。そして、国家領域の内部も一様な清浄空間であったのではなく、境界地帯―西国以外―西国―洛中―内裏《だいり》という順で、中心に近づくほど清浄の度合いが強まってゆくと考えられていました。その究極の中心は天皇の身体そのものであり、そこから遠ざかるほど相対的にケガレた空間となっていくわけです。こうした空間の観念を、私は〈浄《じょう》―穢《え》の同心円〉とよんでいます。

さきほど、日本の国家領域を神の霊力に守られた神聖空間とする「神国思想」の登場についてのべましたが、この神聖空間を侵す外からの脅威も、ケガレとしてとらえられてい

鬼の姿に描かれたムクリ（蒙古）。『ゆりわか大じん』挿絵（東京大学附属総合図書館蔵）

ました。中世文学において、境界の外の居住者である蝦夷《えぞ》や蒙古《もうこ》が、鬼のイメージで描かれていることがその証拠です。

また、八七二年に京都で「咳逆病《がいぎやくびよう》」が流行したとき、人びとは、前年に加賀国に来着した渤海《ぼっかい》の使節団が「異土の毒気」を持ちこんだせいだ、とうわさし、朝廷は建礼門《けんれいもん》のまえでお祓いをして、毒気を追放しようとしました。

以上のように、内＝神国＝清浄、外＝異土＝汚穢《おえ》として内外を峻別し、内外の往来を遮断して内の清浄を守ろうとする姿勢が、中世貴族の基本的な対外姿勢となります。一一六二年ころ、太政大臣藤原伊通《これみち》が二条天皇に献じた教訓書『大槐秘抄《たいかいひしょう》』は、こうのべています。

日本のことを神国と申して、高麗のみならず隣国はみな恐れおののいて、（日本への手出しなど）思いも寄りません。鎮西《ちんぜい》は、敵国の人々が今日でも集まってくる国です。日本からは、対馬《つしま》国の人が高麗に渡りますが、それも宋の人が日本に渡るさまとは違い、みすぼらしい商人がわずかな物を携えて渡っているありさまです。いかにも侮《あなど》りを受けかねない状態で、だからこそ（日本は）「制」を設けているのです。

「神国」の霊力を誇りながら、一方で貧しい内情を敵国には見せたくない。そのために「制」を設けている……。この「制」とは、成文法かどうかはわかりませんが、渡海の制、つまり日本から外へ出ることを制限する国法で、一〇世紀初頭の延喜年間にできたと考えられます。この法は神国と敵国とを遮断する手段だったといえます。言葉をかえれば、中世貴族にとっての国境とは、聖なる領域としての日本を、ケガレた外部世界の影響から遮断する壁であったといえましょう。

奝然の入宋

しかし、以上のべたことが中世貴族の対外姿勢のすべてではありません。八四一年に張宝高の使者が追却されたさいにも、携えてきた貨物については、民間で交易することが許されています。新羅人の帰化をしめだした八四二年の官符にも、「商人が飛《ひ》帆《はん》して来着した場合は、彼らの貨物については民間で自由に貿易させ、終了次第帰国させる」とありました。

自尊・孤立の態度をとりつつも、貴族たちは海外の産物、とくに彼らが賛嘆してやまない「唐物《からもの》」を入手するためのルートを、ちゃんと確保していたのです。同時に国の外でも、正式の国交を前提とする遣唐使型の交易でない、民間主導の交易活動が展開していました。

八三八年出発の遣唐使に同行した天台僧円仁《えんにん》は、唐で仏教ゆかりの聖地や大都市を歴訪します。江蘇省《こうそしょう》の繁華な都市揚州《ようしゅう》では、王請《ワンチヨン》という新羅人に会いましたが、この人は、八一九年に張覚済《ちょうかくさい》という中国人と同船して諸物交易に乗り出したところ、悪風にあって出羽《でわ》国に漂着し、また出羽から長門《ながと》国に流着する、という経験のもちぬしで、日本語がすこぶる達者でした。

その後円仁は、山東半島の赤山《せきざん》という港町に赴きますが、そこには張宝高が建てた赤山法花院《ほっけ》があり、周辺は新羅人のコロニーになっていました。円仁は八四七年、こ

揚州の大運河(山口直樹氏撮影)

こから新羅人の船に乗せてもらって帰国します。

多民族で構成され、国境をこえて活動する交易集団が、日本海・黄海・東シナ海を往来しており、朝鮮半島の西南端や山東半島の先端といった要所には、彼らの活動の基地が形成されていました。

往きは遣唐使船、帰りは新羅商人船を利用した円仁の中国渡航は、まさに国家間の外交関係から民間の商業活動へと、東アジアの通交関係が重心を移す状況を、象徴するものでした。その趨勢は、唐帝国が九〇七年にほろび、五代十国《ごだいじっこく》の分裂時代をへて、九六〇年に宋が建国されると、いっそう進展することになります。

九八三年、東大寺の僧奝然《ちょうねん》が宋へ渡航します。奝然は、第二代皇帝太宗《たいそう》と面会して日本の国情を語り、大蔵経《だいぞうきょう》一部と釈迦如来像一体を携えて、九八六年帰国しました。

この大蔵経は印刷されたものとしては世界初の大蔵経です。宋の建国後まもなく、皇帝の勅命によって、四川《しせん》で版木の刻造がはじまり、九八三年に完成しました。蜀《しょく》(四川の雅名《がめい》)版とも開宝蔵《かいほうぞう》ともよばれ、一部につき五三〇〇余巻という厖大なボリュームがありますが、現存するものは世界で数巻しかありません。

奝然が太宗から贈られて日本へもち帰った蜀版は、藤原氏の氏寺法成寺《うじでらほうじょうじ》に奉納されていましたが、残念なことに、法成寺の廃絶と運命をともにしてしまいました。

他方、釈迦如来像は、天竺《てんじく》で生前の釈迦を写したものといわれる等身大の立像が宋の都汴京《べんけい》の寺院にあり、それを見て感激した奝然が宋の仏師に造らせた模像です。京都の西郊嵯峨《さが》にある清凉寺《せいりょうじ》の本尊として現存し、国宝に指定されています。

奝然の入宋《にっそう》は、ある意味では日中関係史上、画期的な事件です。宋代の歴史をまとめた正史である『宋史』の外国伝、日本の条（通称「宋史日本伝」）を見ますと、三一〇〇字ほどの全文の八割が奝然の関係記事です。そしてその大半は、彼が太宗に語った日本の国情と、彼が携えていった「王年代紀」という書物の引用で占められています。

なかでも太宗を感嘆させたのは、天皇家が

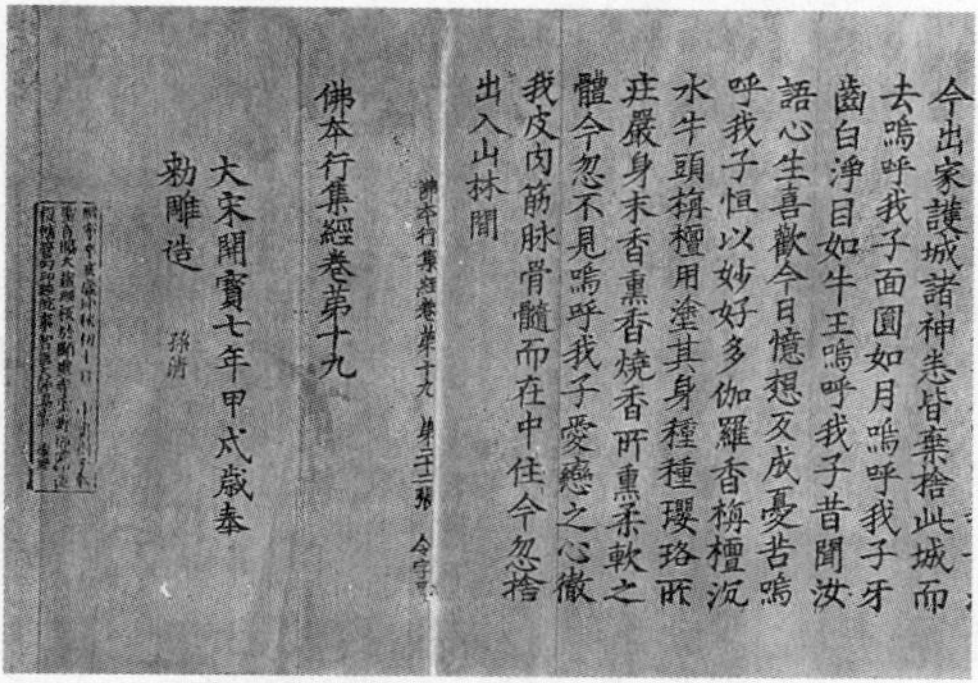
今出家護城諸神悉皆棄捨此城而
去嗚呼我子面圓如月嗚呼我子牙
齒白淨目如牛王嗚呼我子昔聞汝
語心生喜歡今日憶想反成憂苦嗚
呼我子恒以妙好多伽羅香栴檀沉
水牛頭栴檀用塗其身種種瓔珞莊
莊嚴身末香熏香燒香所熏柔軟之
體今忽不見嗚呼我子愛戀之心徹
我皮肉筋脉骨髓而在中住今忽捨
出入山林間
佛本行集經卷第十九
佛本行集經卷第十九
大宋開寶七年甲戌歲奉
勅雕造

蜀版の遺存品。南禅寺一切経のうち。

日本の唯一の王家として連綿とつづいており、臣下も代々官職を相伝している、という話でした。太宗は「これけだし古《いにしえ》の道なり」と、うらやましげに語っています。

十数回におよんだ遣隋使・遣唐使も、それなりに日本のことを語ったはずですが、その情報は『隋書《ずいしょ》』や『唐書《とうじょ》』にあまり反映されていません。個人の資格で自由に語った奝然の情報こそ、中国人の日本観を大きくぬりかえることになったのです。

奝然の入宋の「国家的性格」を強調する説があります。日本政府は奝然に宋との通交の道をさぐる公的な使命を担わせていたというのです。

しかし、奝然自身が、仏教の聖地への巡礼を心にかけ、「にわかに私心を発し、ついで公府に聞《ぶん》」して入宋した、とのべています。動機はあくまで個人的なもので、「公府」への報告と勅許の獲得は、目的実現のための手段にすぎません。日本政府が奝然から宋の情報や文物を得たとしても、遣唐使のような積極的な使節派遣とはちがって、彼の巡礼行に便乗したにすぎません。

しかし一方で、奝然の入宋には摂関家《せっかんけ》からの経済的援助があったとみられます。大蔵経がのちに法成寺にはいることになるのもそのせいでしょう。上級貴族は、宋との公的関係を結ぶことはさけつつ、実質的に宋の文物や情報を入手しようとしていました。そのような姿勢は、先述のように、九世紀、外の商人を応接する姿勢にすでにみられ、一〇世紀以降には「宋の商客」の応接という形で、これが引き継がれます。

いっぽう、奝然以降、僧侶が私的な動機で中国へ渡航するという形で、公的使節の派遣にかわる日中の接触ルートが成立します。世俗世界の秩序体系を超越する性格をもつ僧侶は、このような非公式の関係を担うには便利な存在でした。対外関係と僧侶との密接なかかわりは、中世という時代のひとつの特徴として、こののち長くつづいていきます。

現し身の仏

清涼寺におもむいて、奝然のもたらした釈迦像を拝観しましょう（章の扉参照）。像の材質は「魏氏《ぎし》桜桃《おうとう》」という中国・江南産のサクラ科の樹木ですが、日本ではもっぱら香木の代名詞である「梅檀《せんだん》」の名でよばれました。作り方は一種の寄木造りで、高さは約一六〇センチメートル、ほぼ等身大です。

右手は肱《ひじ》を曲げ左手は下に垂らしていますが、ともに五指を伸ばした手のひらを体の脇で前に向けています。右手の形を「施無畏印《せむいいん》」といい、何ものをも畏《おそ》れない力をあたえることを表わします。左手の形を「与願印《よがんいん》」といい、衆生の願いにおうじて財物をほどこすことを表わします。

頭髪は螺髪《らはつ》ではなく縄状に渦巻き、衣文《えもん》は体に密着して密な平行線を描き、衣の裾からは二重の下衣が見えています。とくに印象的なのは、黒い珠をはめこんだ切れ長の眼です。瞑想的でありながら鋭く、きわめて異国的な印象を受けます。

この像は、日本に来てまもなくから、比類なき霊像として大人気を博しました。『保元物語《ほうげんものがたり》』は、平安末期のようすを「上一人《かみいちにん》（天皇のこと）より下万人《しもばんにん》に至《いたる》まで、道《どう》俗貴賤《ぞくきせん》、首《こうべ》を傾《かたむけ》踵《きびす》をつぐ事今に絶《たえ》ず」と描いています。

清涼寺像のオリジナルである汴京にあった像は「生身《しょうじん》の釈迦像」、すなわち釈迦の弟子となった優塡王《うでんのう》が天竺で造らせた釈迦生き写しの像そのものだ、と信じられていました。これを中国にもたらしたのは鳩摩羅琰《くまらえん》で、昼は琰が像を背負って運び、夜は像が琰を背負って運びして、はるばる中国までたどりついた、と伝えられています。

それをそっくり写したのが清涼寺像ですから、清涼寺像も「生身の釈迦」とよばれました。『清涼寺縁起』は「常途《じょうと》の木像にはことなり、生身の釈迦にあひたてまつる思ひをなすべし」と強調しています。

戦後の調査によって、清涼寺像の胎内から古文書・絹製五臓《ごぞう》・経巻・版画・鏡・古銭などの貴重な納入品が発見されました。これらも一括して国宝に指定されています。その古文書によって、奝然から製作を依頼された仏師は張延皎《ちようえんこう》・延襲《えんしゆう》という兄弟で、彼らは雍熙《ようき》二（九八五）年の七月二一日から八月一八日までの一カ月たらずで像を仕上げたことがわかりました。わずかな時間であのすばらしい像を造った技量には感嘆

釈迦像を運ぶ鳩摩羅琰。『清涼寺縁起絵巻』（京都・清涼寺蔵）

釈迦像胎内納入絹製五臓
（京都・清凉寺蔵）

のほかはありません。また絹製五臓というのは内臓の模型で、中国・台州の尼清暁《せいぎょう》らが施入《せにゅう》したものです。造られた当初からこの像が命あるものと観念されていたことがうかがえます。

清凉寺釈迦像への信仰でもっとも興味深いのは、一一世紀末以降、日本でこの像のコピーがおびただしく造られたことです。一一一九年、関白藤原忠実《ただざね》の妻師子《もろこ》は、清凉寺像を模した「等身釈迦像」を鴨院殿《かものいんどの》で供養しています。現存する模像でもっとも古いものは、京都府宇治市・三室戸寺《みむろとじ》にある一〇九八年造立と考えられる像です。その後、鎌倉時代には模作が大流行し、いまなお忠実な模像が六八体（うち二〇体は国重文）、変形像が二三体残されています。これらを美術史では「清凉寺式釈迦像」と総称しています。

こうした模像の造立は、生身の釈迦に懸ける庶民たちの願いにささえられていまし

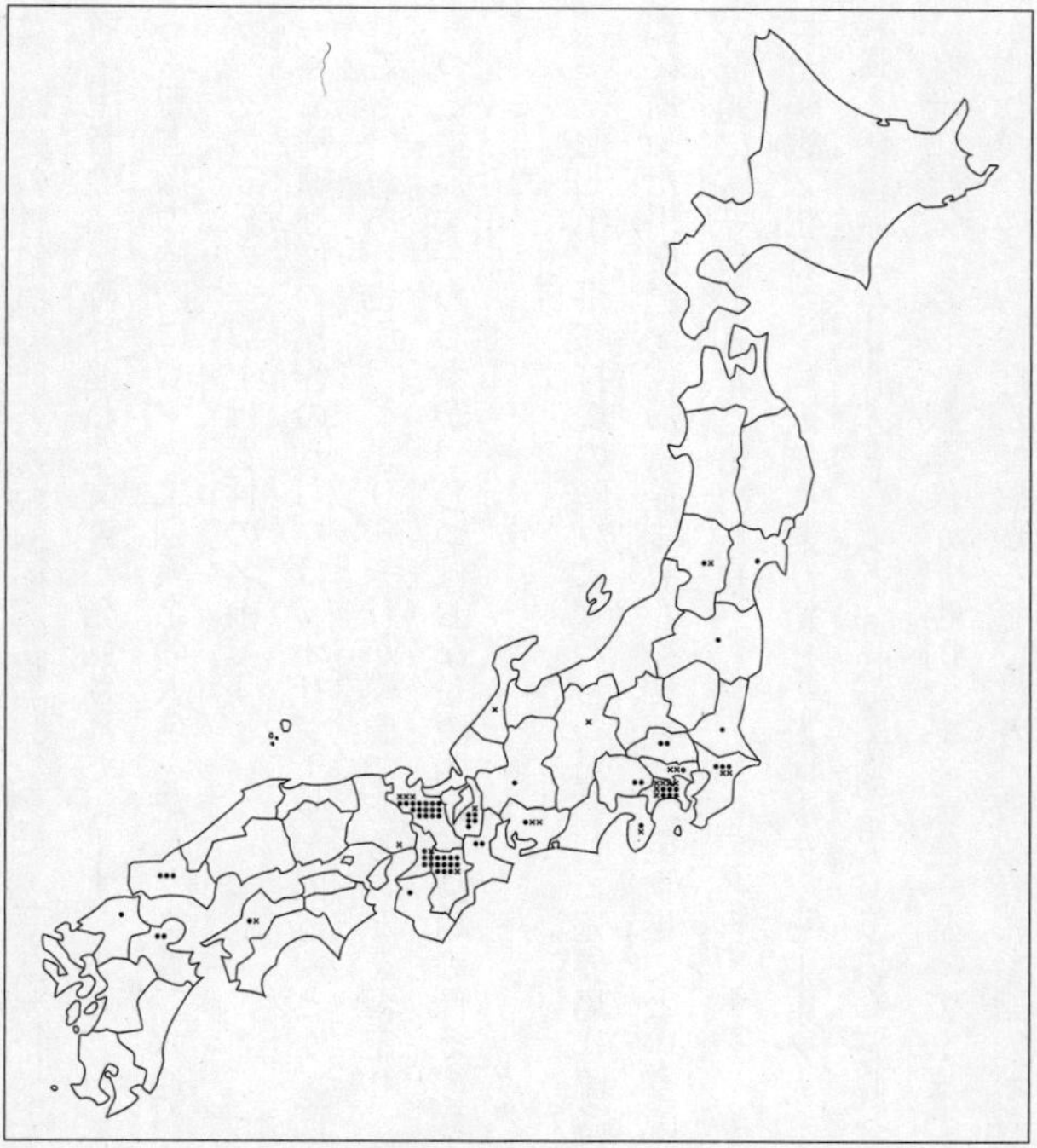

清涼寺式釈迦像の分布。●は忠実な像。×は変形像。

た。奈良の唐招提寺《とうしょうだいじ》にある釈迦像の胎内からは、一五〇枚以上の紙に約一万人の死者・生者の名を書き連ねた文書が発見されています。また、千葉県茂原市の永興寺《ようこうじ》にある釈迦像の胎内にも、一二〇人余の人名を記した文書二六通が納められていましたが、その三分の一以上は女性の名前です。

さて清凉寺像の模作のうちには、オリジナルと同体だとか、同木同作だとか伝えられるものがあります。つまり、それが模像であることを否定し、原像と等しい価値をもつと主張するのですが、じつはおなじ説明は、清凉寺像そのものについてもなされていました。

一一七七年、平家打倒の陰謀にくわわったとして鬼界島《きかいがしま》に流され、翌年許されて京都に帰った平康頼《たいらのやすより》が、帰京後まもなく書いた『宝物集《ほうぶつしゅう》』という説話集があります。その冒頭に、一一七八年ころの京都で、「ナニトナク世中《よのなか》モシヅカナラズトミユル。ゲニヤ嵯峨ノ釈迦コソ、天竺へ還リ給ヒナムズトテ、ヒト京ノ人、道モサリアヘズ（すれ違えないほど）マイリケレ」という状況があったことが記されています。

乱世に嫌気がさした釈迦像が、生国である天竺へ帰ってしまわれる、といううわさが流れ、今のうちに拝んでおかなくてはと、清凉寺に参詣人が殺到したというのです。

そしてこの『宝物集』には、釈迦像にまつわる奇怪な話が記されていました。

東大寺ノ奝然ヒジリ入唐シタリシ時、此《この》仏ヲ、ガミ（礼《おが》み）マイラセ給《たま》ヒケルニ、奝然ヨロコビテ申云《もうしていわ》ク、「我《わ》レ一人シテ礼ミタテマツリテモカヒ（甲斐）ナク侍《はん》べリ。此仏ヲウツシマイラセテ、日本国ノ人ニヲガマセタテマツラム」ト、国王（宋皇帝太宗）ニ申シケレバ、仏像ヲヒロメムガ為ニユルサレニケリ。奝然喜《よろこび》テイソギウツシ奉ル程ニ、栴檀《せんだん》ノ仏、夢ノ中ニ奝然ニ告《つげ》テ言《いわ》ク、「我レ東土ノ衆生《しゆじよう》ヲ利益《りやく》スベキ願アリ、我レワタスベシ」トノ給ヒ（宣《のたま》い）ケレバ、奝然心ヅキテ（目を覚まして）、新仏ヲ古仏ノヤフ（様）ニ煙ニテフス（燻）ベマイラセテ、栴檀ノ像ニトリカヘテ、ワタシ奉リタルナリ、トゾ申タンメル。サテ二伝ノ仏ニテコソヲハシマスナレ。

奝然は、釈迦像みずからのお告げにしたがって、仏師に造らせた新仏を煙でいぶして古色をつけ、本物とすりかえて、本物のほうを日本にもち帰ったというのです。これは贋作者がよくやる手口なのですが、江戸時代の学者屋代弘賢《やしろひろかた》もあきれはてたような口調で言っています。――「もしこれが本当なら、奝然は宋国の一盗人になってしまうが、僧侶には戒《かい》というものがあるのだから、そんなことはあるまい。そのうえ、仏ともあろうものが、はたして人に盗みの道を教えたまうだろうか」。

しかし、源平内乱前夜の不安な世情のなかで、人びとは、奝然を仏ぬすびとに仕立てあげてまで、清涼寺像が模作であることを否定したかったのです。「二伝ノ仏」というのは、優塡王の像を初伝、中国にもたらされた像を二伝とする言い方ですが、中世には二伝説を荒唐無稽として退ける見解もありました。

たとえば大学僧虎《こ》関《かん》師《し》錬《れん》が一三二二年に著した『元亨釈書《げんこうしゃくしょ》』は、奝然の伝記のなかで、「優塡第二模像（「二伝の仏」におなじ）を礼《らい》し、乃《すなわ》ち仏工張栄《ちょうえい》を雇い、模刻してこれを得」とのべています（仏師の名が胎内文書と違っていますが、その理由は不明です）。

しかしこれはあくまで知識人の世界での通説で、語り物・縁起・辞書など、より広い社会的基盤をもつ作品では、二伝説が行きわたっていました。清涼寺像の模作が熱病のように流行しはじめたのと時をおなじくして、清涼寺像自体がオリジナルな生身釈迦像だとする説も、広く信じられるようになったのです。

こうして伝説は、優塡王像→清涼寺像→清涼寺式像という二段階の模作をふたつながら否定することによって、目前の模像を生身の釈迦に転生させました。釈迦生前の天竺までのはるかな時空は一挙に消失し、仏教世界の辺境にあって末法の濁世《じょくせ》にあえいでいた人びとは、生身の釈迦との対面という至福を体験することができたのです。

このように中世の人びとは、辺土日本の対極にある仏教世界の中心としての天竺、そして優塡王像が永く跡をとどめた震旦《しんたん》（中国）に、強いあこがれをいだいていました。それは、さきにのべた〈浄－穢の同心円〉を東西につらぬいて、大陸にまで連なる交通路沿いの地域、すなわち瀬戸内－畿内－東海道の人びとに広まりつつありました。

朝鮮観の問題

以上、清涼寺釈迦像とその模作を通じて、〈浄－穢の同心円〉といったとらえ方を相対化する要素として、天竺・震旦へのあこがれというものを見たわけですが、そこでぬけているのが朝鮮半島です。仏法は震旦から本朝（日本）へ直接伝来したわけではありません。ところが中世の「三国」という仏教的世界観は、天竺・震旦・本朝から構成されるもので、日本に直接仏教を伝えたはずの朝鮮半島の位置づけが、すっぽりと欠落しているのです。

中世人がそのことを意識していなかったわけではありません。瑞渓周鳳《ずいけいしゅうほう》という室町時代の禅僧は、「三韓」は中国に属しているけれども、日本は他国に属したことはない、だから「三韓」を独自に扱う必要はない、と説明しています。この論理からは、日本が朝鮮半島の諸国家の上位に立つことができるという、優越感が導かれます。この優越感をささえていたのが、日本は神の擁護してくれる国、という神国思想であったわけです。

神国思想によって日本を特別に聖なる場として位置づけることに成功すると、今度は仏法の辺境としてのみじめな自己意識を、それなりに克服できるようになります。従来の価値序列を逆転させた「三国一のわが朝」という表現が出てくるのですが、神国思想は、辺土である日本を、そのままの形で、いわば手袋を裏返すような安易なやり方で、至高の価値を体現する存在に早変わりさせることができたのです。

では朝鮮半島の位置づけはといいますと、中世国家の境界をあらわす代表的な地名は、外浜《そとがはま》と鬼界島です。これに高麗をふくめる表現、たとえば「鬼界、高麗」とならべるような表現が、中世の文学作品のなかに出てくるのです。朝鮮半島の国家を自国の辺境扱いするこのような観点が、蒙古襲来という事件をへて増幅され、朝鮮を畜生視する露骨な蔑視観を生みだします。

たとえば、『日本書紀』に見える「神功《じんぐう》皇后の三韓征伐」の伝説も、鎌倉末期にできた『八幡愚童訓《はちまんぐどうくん》』という八幡縁起の一本になりますと、あざとく脚色されます。――皇后に敗れた新羅の王は「われら日本の犬となり、日本を守護すべし、毎年八十艘の御年貢を備え奉るべし」と誓った。皇后はこの言葉を聞いて、かたわらの石に「新羅国の大王は日本の犬なり」という字を書きつけた……。

しかし、こういう世界観がすべての中世人に共有されていたわけではありません。階層的には下の層ほど、地域的には中央からはなれるほど、違った観念が優勢になってきます。

この問題を考えるのに適当な材料として、信濃《しなの》国善光寺の本尊阿弥陀如来の縁起があります。この阿弥陀如来像は、清涼寺釈迦像とよく似ており、やはり三国伝来の生身の仏であると信じられていました。そして清涼寺式釈迦像とおなじように、善光寺像の模像がおびただしく造られ――その数は清凉寺式像の約二・五倍にたっします――、関東を中心に全国に分布しています。ここにも天竺へのあこがれを見てとることができます。

ところがおもしろいことに、善光寺の縁起にみえる「三国」とは、天竺と百済《くだら》と日本を指していて、震旦がはいっていません。用語の面で見ても、百済の王を天皇、百済の王宮を内裏と言っており、日本と同様のものと考えているのです。ここには、八幡縁起にあったような朝鮮を下に置く観念や蔑視観は見られません。

これと関連すると思われるのが、善光寺＝信濃をふくむ東国では、ケガレを畏怖する観念が西国にくらべて弱いという事実です。

たとえば、信濃の諏訪《すわ》社の縁起では、狩猟をけものたちを成仏させるための善行として説明しています。諏訪は狩猟の神様ですから、血のケガレといった観念をそのまま受け入れるわけにはいきません。けものを殺して血を流すことを合理化する論理が必要だったのです。京都の南にある石清水《いわしみず》八幡宮で、血穢《けつえ》が異様なくらい畏れられたのと、好対照です。

以上のべたように、「神国」への自尊と天竺・震旦への憧れが共存する中世の支配

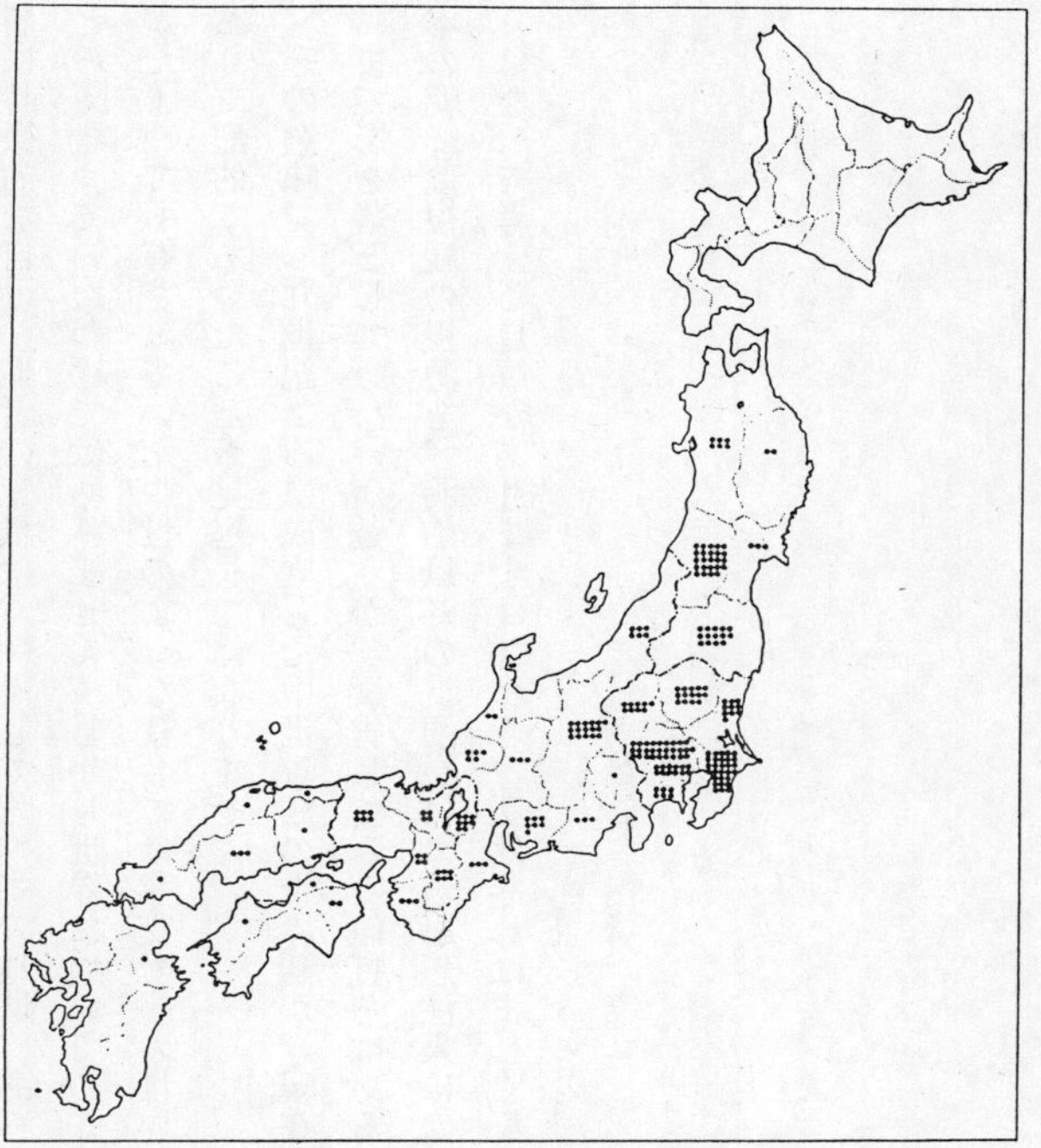

善光寺式阿弥陀三尊像の分布（『長野県史』通史編２より）

層に特徴的な自己／他者の意識は、けっしてすべての地域、あらゆる階層の人びとをとらえきっていたわけではありません。しかし世界についての知識が著しく支配層にかたよって所有されていた中世のような社会では、支配層の世界観の影響力が文字どおり支配的であったことも見逃してはなりません。

その意味で、九世紀ころに成立した中世貴族の世界観が、現在の私たちの対外認識にまで影を落としていないかどうか、反省してみる値打ちはあると思います。近代日本の朝鮮蔑視観の根源を、明治以降の支配層による思想注入にのみ求め、前近代と切りはなして考える見解がありますけれども、私はそれは正しくないと思います。

第二章　陶磁器と銭貨と平氏政権——国境を往来する人ともの

福岡市博多区店屋町の白磁出土状況（『よみがえる中世』1より）

平氏政権の登場と外交姿勢の転換

以上のように、九世紀に成立した貴族的対外観が中～近世の日本の対外観の骨格を作ったわけですが、もちろんそれがいつまでも安泰だったわけではありません。最初の大きな動揺は、「院政」という政治形態の出現によってもたらされました。

院政の政治的意味について、院は天皇位を退くことで聖的存在としてのさまざまな制約から自由になるいっぽう、天皇の親権者、天皇家の家長として国家の頂点に立ち、俗世界の人間として専制をふるうことができた、といわれています。伝統的対外観の克服もおなじ根から発するものといっていいでしょう。

現代人には理解しかねることですが、九世紀以降、天皇や上皇が外国人と面会することは、好ましくないとされていました。

九～一〇世紀のかわりめに在位した宇多《うだ》・醍醐《だいご》両天皇は、中世貴族社会のよき伝統の創始者と目され、ふたりの治世は「寛平《かんぴょう》・延喜《えんぎ》の聖代」と称えられました。

その宇多は「やむをえず異国の諸客を引見する場合は、御簾《みす》を隔ててすべし」と遺言していますし、醍醐は異国の占い師を洛中に入れてしまったことを「賢王《けんのう》の誤り、本朝の恥」と悔やんだと伝えられます。

また宇多は、画工と面会したことを悔やんで子息の醍醐を誡《いまし》めました。一二世紀後半にこの話を書き留めた中級貴族中山忠親《なかやまただちか》は、「本朝の人でさえこうなのだから、異朝の人ならなおさらだ。遠方から風俗の異なる人がやってきたら、（天皇には会わせず）容貌を絵に描いて叡覧《えいらん》に備えるべきだ」とコメントしています。異朝からもたらされるケガレから天皇や上皇をなんとしても守らなければ、という意識がうかがえます。

ところが忠親と同時代の一一七〇年、後白河《ごしらかわ》法皇は平清盛《きよもり》の福原山荘《ふくはらさんそう》（いまの神戸市兵庫区にあった）におもむいて、大輪田泊《おおわだのとまり》（神戸港の前身）に来着していた宋人に面会しています。これを聞いた右大臣九条兼実《くじょうかねざね》は、日記に「わが朝延喜以来未曾有の事なり、天魔の所為か」と怒りをぶちまけました。長年のタブーを、院みずからが平氏政権と手をたずさえて踏みにじったのです。

平清盛の父忠盛《ただもり》は、鳥羽《とば》院政の時代（一一二九〜五六年）に、西国で海賊のとりしまりに功績をあげるなどして、院に認められます。一一三三年、忠盛は院司《いんじ》（院庁《いんのちょう》の役人）として「備前守《びぜんのかみ》」の官途《かんと》をもち、かつ院領荘園の肥前《ひぜん》国神崎荘《かんざきのしょう》の預所《あずかりどころ》を務めていましたが、この神崎荘に周新《しゅうしん》という宋商人の船が来着します。大宰府の役人が令法の規定にしたがって手続きをとろうとしたところ、忠盛は、院からのおおせと称して、「神崎荘は院の御領《ごりょう》だから大宰府の介入を受けない」という命を現地に下しました。

これを聞いた源師時《みなもとのもろとき》という中級貴族は、「とんでもないことだ。日本の弊亡は論をまたず、外国の恥辱となっても平気でいる。これはほかでもない、院の近臣の猿や犬のような行為だ」とののしっています。平氏の急速な台頭は、ごく初期の段階から、院との政治的結びつきとともに、律令系支配システムからの独立性をもつ荘園を利用して、貿易の利益を獲得することを通じて、達成されていったのです。

院政時代には、政治形態だけでなく、経済的な基礎構造も大きく変貌しました。寄進型荘園がおびただしく成立して、荘園公領制とよばれる中世の土地制度が本格的に確立し、また中国から銭貨が大量に流入しはじめて、貨幣経済の到来が実感されるようになります。

平氏政権は、とくにこうした経済的変化に敏感でした。平氏一門が大陸との関係深

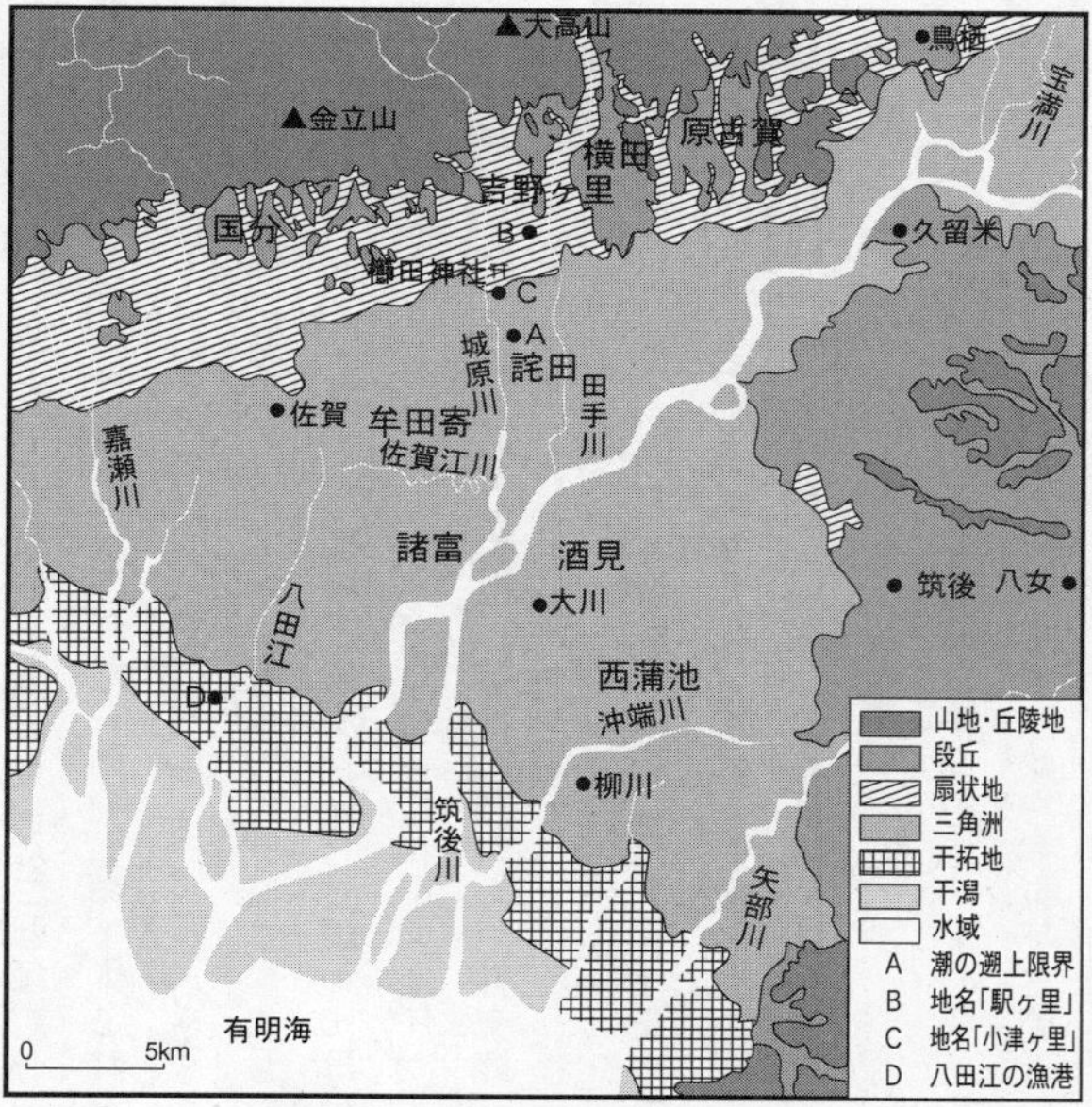

神崎荘地図（日下雅義氏作成）

い九州・西国方面に厖大な領地をもっていたことは、一一八三年に平氏が都落ちしたとき後白河法皇によって没収された一門の旧領——これを「平家没官領《もつかんりよう》」といいます——が、西日本を中心に五〇〇カ所以上もあったことからわかります。

一一五八年、清盛は望んで大宰大弐《だざいのだいに》の地位につきました。この当時、国の守《かみ》などトップクラスの地方官は、京都の貴族が就任し、現地には行かずに代官に支配をまかせ、収入だけを受けとるのがふつうでした。これを「遥任《ようにん》」といいます。清盛の大宰大弐も遥任でしたが、九州を重要視し、大宰府のもつ外交権に注目した結果にちがいありません。

その証拠に、一一六六年、清盛の弟頼盛《よりもり》は大弐となって現地におもむきました。これは当時の貴族たちの常識からははずれた行動でした。一〇世紀初頭に大宰府に左遷された菅原道真《すがわらのみちざね》が、すさまじい怨念で京都の朝廷を脅かしたことを思うと、時代の変化を感じざるをえません。

一一七〇年代、清盛は大輪田泊を整備して、宋の貿易船を入港させました。従来大宰府で応接するのがきまりだった中国船を、京都に間近い港まで招き入れたのです。清盛には点のからい『平家物語』も、この事業には「何事よりも、この経の嶋《しま》つゐ

雷神になった菅原道真。『北野天神縁起絵巻』（京都・北野天満宮蔵）

（築）て、今の世にいたるまで、上下往来の船のわづらひなきこそ目出《めでた》けれ」と賛辞を惜《お》しんでいません。その開明的な姿勢は、人柱を立てるかわりに築《つき》石《いし》の面《おもて》に経文を書いた、という「経の嶋」の名の由来にも、よくあらわれています。

一一八〇年に清盛のはからいで高倉《たかくら》上皇が厳島《いつくしま》社に参詣した折には、大輪田泊から「唐の舟」がくわわって「唐人」が随行しました。

一一七二年に宋の明州沿海制置使《めいしゅうえんかいせいちし》（日本・高麗への窓口となる浙江《せっこう》省寧波《ニンポー》市に置かれた地方官）が、後白河法皇と清盛に書面と贈り物を送ってくると、翌年、清盛は返事の書面を出しました。法皇は返事こそ出しませんでしたが、清盛とともに使者に贈り物をしています。もちろん正式の国交を結んだわけではありませんが、九世紀以来の伝統だった自閉的対外姿勢は影をひそめています。

一一八〇年、平氏政権が源氏軍の圧迫を避けて京都を捨て、福原に遷都した行動も、たんなる逃避ではなく、海に密着し、対外関係や貿易を国家権力の基盤としようとする「海洋国家」構想にもとづくものと考えられます。

しかし、平氏政権が先導した対外姿勢の転換も、貴族層の対外観をぬりかえてしまったとまではいえません。さきにみた中山忠親や九条兼実のような態度は、中世後期になってもきわめて強固な伝統としてくりかえされており、その正統性はいささかも揺らいでいません。むしろ荘園制は、外国と正式の関係を開かないというたてまえを温存しつつ、「唐物」を入手しうる裏道を、貴族たちに提供しました。

たとえば、一〇～一一世紀の朝廷で故実家として知られた小野宮実資《おののみやさねすけ》は、家領《けりよう》の筑前国高田牧《たかだのまき》から、献上物として唐物を入手していますし、九条家とならぶ最上級貴族近衛《このえ》家も、一二世紀末、家領である九州の巨大荘園島津荘に着岸した「唐船」から物資を得ています。

商客応接体制

以上のような外交姿勢の転換が生じる前提には、国の内外にそれをささえた要因がありました。外には宋朝による外交攻勢があり、内には大宰府や西国人民の独自の行動があり、そして内と外とのはざまには、国境をこえる人間集団の動きがあったのです。

第六代皇帝神宗《しんそう》の治世（一〇六七〜八五年）、宋は最盛期をむかえていました。漢民族の統一王朝とはいっても、唐代の版図《はんと》にはほど遠く、また北方では契丹《きったん》という異民族王朝と対峙していたので、宋は政治的・軍事的に強大な王朝とはいえません。そのかわり、一〇世紀以降の江南ではめざましい経済成長が生じました。宋は、これにささえられて、対外貿易の振興をはかるいっぽう、経済の円滑な運用のために大量の銭貨を鋳造しました。

北宋時代（九六〇〜一一二七年）に鋳造された銅銭の量は、前後のどの王朝よりもはるかに多く、北宋銭はのちのちまでアジアの共通通貨として機能しました。『宋

函館郊外・志苔館《しのりたて》近くで出土した古銭と甕《かめ》（市立函館博物館蔵）

史』はそのことを「銭はもと中国の宝貨なれど、今はすなわち四夷《しい》と共に用う」と書いています。

このころ、東シナ海沿岸諸国では、海上を往来する貿易商人たちを「商客」という形で合法的に受け入れる体制が、共通してできます。私はこれを「商客応接体制」とよんでいます。

神宗時代のはじめ、宋は明州（のちの寧波）に高麗・日本の船を扱う市舶司《しはくし》（税関兼商館のような役所）を設置して、朝貢貿易を歓迎する姿勢を示しました。あわせて、高麗・日本におもむく貿易商人に国書を託して、朝貢＝通商を勧誘する政策をとりました。

日本にたいしては、神宗時代一七年間に九回も使者が送られています。高麗は、こうした使者を入貢者として扱い、重要な国家行事にも参列させました。日本も、ほんらいは一〇年に一回しか貿易を許さないのがたてまえでしたが、この年紀に違反していても、特例として受け入れる例が多くなります。

こういう場で活躍した貿易商人は、明州で「日本商人」として扱われた者もふくめて、ほとんどが中国人でした。一〇九五年、日本のある僧侶は、大宰府で宋人柳裕《りゆうゆう》と会って、仏教学者として名の聞こえた高麗王子義天《ウィチヨン》から、「極楽要書」などの仏教書を求めてくることを依頼しました。二年後、柳裕は注文された本を奈良の興福寺まで届けます。日本・高麗間の取引も宋商人が扱っていたわけで、彼らの圧倒的なイニシアティブがうかがわれます。

日本に来た「商客」の多くは博多に入港しましたが、貿易でうるおうことの多かった北九州地域には、外との接触を幸いとする感覚が育っていました。一〇八五年に「大宋国商客王端《おうたん》・柳忩《りゆうそう》・丁載《ていさい》」が博多に来たとき出された官符には、「最近、大宰府の役人は、宋商の帰国を命じる官符を見ていながら、彼らを優遇してその希望を酌量してやっている。(中略)異客が諸国に来着して、取引きに人がむらがり、貿易品が市内に充満している」と記されています。

また、一一四四年、四五年とつづけて「南蛮人」が博多に漂着したとき、「西府《さいふ》

（大宰府）の民」は「藤原忠実に備わった福のおかげでこんな瑞《ずい》（めでたいこと）がある」と喜んだということです。

貴族層でも、大宰府の高官には貴族的対外観からはみだす者が出てきます。一〇二三年から二九年まで大宰大弐として赴任していた藤原惟憲《これのり》は、日本人を母にもつ宋商周良史《しゅうりょうし》と結託して、一〇二六年、良史を「日本国大宰府進貢使《しんこうし》」に仕立てて宋に送りこみ、朝貢貿易を試みました。

一〇九四年には、大宰前帥《だざいのさきのそち》の藤原伊房《これふさ》が、明範《みょうばん》法師という者を契丹に遣わして貿易を行ったとして、罪に問われました。このことは契丹側の史料『遼史《りょうし》』にも、一〇九一年に「日本国が鄭元《ていげん》・鄭心《ていしん》・僧応範ら二八人を遣わして来貢した」と見えており、「応範」は「明範」の誤記と考えられます。

また藤原宗忠《むねただ》の日記『中右記《ちゅうゆうき》』によると、宋商隆《りゅう》（劉？）琨《こん》がはじめて契丹貿易の道を開き、契丹の「銀宝貨」をたずさえて一〇九二年に大宰府に来ています。伊房《これふさ》が契丹へ送った使節団とは、この隆琨を中心とするものだったと思われます。

人の境、国の境

以上のように、宋商人の主導のもと、宋・契丹・高麗・日本・東南アジアを股にかけた貿易集団の活動が活発になると、この活動にかかわる日本人もふえてきます。宋商の船といっても、乗組員は中国人ばかりではありません。たとえば、一〇九三年に高麗で海軍に捕まった武装貿易船には、宋人一二名と倭人一九名が乗り組んでいて、水銀・真珠・硫黄・法螺《ほら》などを積んでいました。

一一七五年、宋のある港にはいっていた「倭船」で、「火児」という仕事をしていた滕太明《とうたいめい》が、鄭作《ていさく》をなぐって死なせてしまいました。宋は、皇帝の詔《しょう》を発して滕太明を拘束したのち、身柄を「綱首《こうしゅ》」（船長）に引きわたして、処罰を日本の法にゆだねました。

宋が処罰権を行使しなかった理由は、滕太明の「滕」を藤原の「藤」とみて日本人と解するか、それとも「滕」という姓の中国人と考えるかで、解釈が違ってきます。前者ならば、滕太明が日本に帰属する人間だからでしょうし、後者ならば、船が「倭船」すなわち日本に籍を置いて日本からやってきた船だったから、と考えてよさそうです。

一一九〇年ころには、よく似ていますがもっと複雑な事件がおきています。楊栄《ようえい》と陳七太《ちんしちた》という名のふたりの船頭が、宋のどこかの港で狼藉をはたらいたすえ、日本へ逃げ帰りました。宋政府は、「今後（罪を犯した）和朝の来客は日本に通達して召還する」と、大宰府に通告してきました。しかしこれは日本側の権限縮小になるので、朝廷は「ただちに犯人を捕えてきびしく罰すれば、そのことが宋に伝わって、原則の変更をやめてくれるだろう」と考えました。

ところがここにひとつのネックがありました。ふたりの船頭は一緒に狼藉をはたらいたと思われますが、厳密にいうと法的地位が異なっていました。朝廷で「楊栄は日本で生まれた者であるから日本で科断しても問題ないが、陳七太は宋朝で生まれた者だという。先例では、こういう場合は自由に科断できないのではないか」という意見が出ています。ここには出生地主義、すなわちその人間の生まれた場所を統治している国家がその人間の処断権をもつ、という原則が認められます。

しかしもっとおもしろいのは、おなじふたりの船頭を、大宰府の上申書は「宋朝の商人」とよんでいるのに、宋の通達では「和朝の来客」となっていることです。

このふたりは、実態としては、博多周辺に居留する宋商集団の一員ではないかと思います。日本生まれの楊栄は、母が日本人であった可能性も高いでしょう。しかし、彼が民族として中国人なのか、日本人なのかという問題の立て方には、この事例のはらんでいるゆたかな歴史的意味をとらえそこなわせる危険があります。

国家としては、どちらに処断権があるかを決めなければなりませんから、出生地による区分も必要だったでしょう。しかしそれは人間のひとつの側面にすぎません。日宋間を往来している貿易商人の側に立って、彼が何によって生きているのかという、より本質的な面にそくしてみれば、まさしく国家と国家のはざまで貿易をすることによってです。ある面から見れば宋朝の商人であり、別の面から見れば和朝の来客になってしまうという、国家にとってはなはだ扱いにくい二重の存在ですが、宋朝にも和朝にも属さないからこそ媒介者たりえたのです。

国境をまたぐ地域

私は、右のような人間集団が国境をまたいだ活動をすることによって、複数の国家の周辺部を結んでひとつの「地域」が生まれつつあった、と考えています。「地域」の担い手は貿易商人ばかりではありません。国家の周辺部に住んで、海によって暮らしを立てている人びとは、だれでも「地域」の形成者となる可能性をもっていました。ここでは、西北九州をテリトリーとする党的武士団松浦党《まつらとう》を例にとって、この問題を考えてみましょう。

一二二八年、鎌倉幕府の法廷で、肥前国小値賀島《おじかじま》の地頭職をめぐる峯持《みねたもつ》と山代固《やましろかたむ》との訴訟に判決がくだりました。小値賀島は五島列島の主要な島のひとつ、峯・山代両氏は松浦党に属する御家人です。

判決は持を勝ちとするもので、その理由は、持が証拠として提出した叔父松浦連《つらぬ》および青方通澄《あおかたみちずみ》の持あて譲状《ゆずりじょう》が、正当なものと認められたからでした。固も父囲《かこう》にあてた清原三子《きよはらさんのこ》の譲状を提出しましたが、これは不知行《ふちぎょう》の所領を譲ったものだとして採用されませんでした。

以上、訴訟の概要をのべましたが、小値賀島をめぐる権利関係が相当複雑であることがわかると思います。頭が混乱しますので、登場人物の関係を示す系図を掲げておきます。

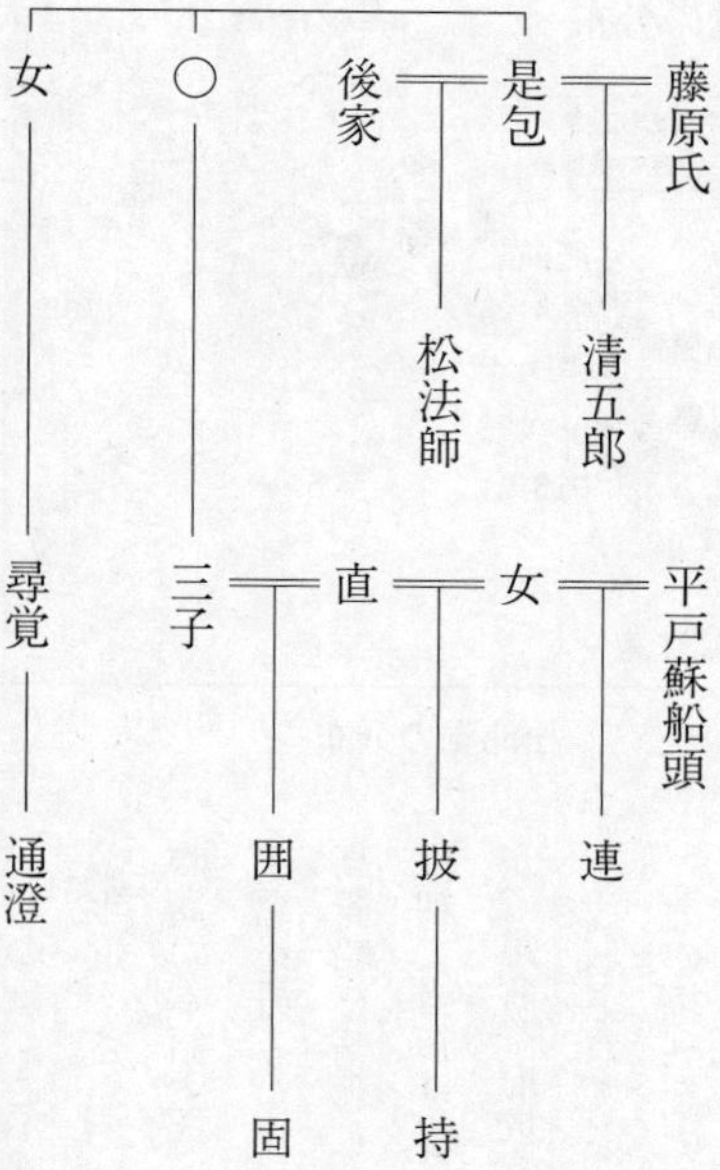

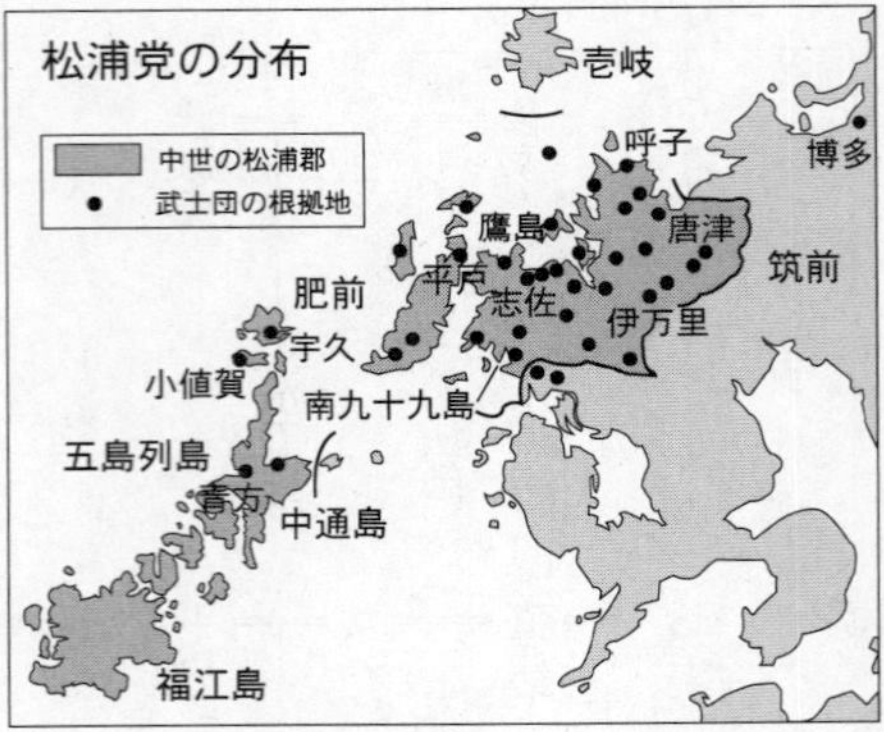

松浦党の分布

じつは、この争いの発端は、判決から八〇年近くさかのぼります。一一五一年、この島の本領主である清原是包《これかね》という人が、狼藉を好み、民に煩いを致したあげくに、高麗船を略奪した罪で、小値賀島に関する権利（当初は「弁済使《べんざいし》」とよばれていましたが、鎌倉幕府成立後「地頭職《じどうしき》」となります）を没収されてしまいました。

その権利を引き継いだのが、是包の姪にあたる清原三子ですが、彼女は御厨直《みくりやただす》という松浦一族に嫁いでいたために、直が一三年間知行しました。その後いったん是包に権利がもどされますが、ふたたび直が平家から下文をもらって知行を回復します。

その間、直は三子を離別して、平戸《ひらど》蘇《そ》船頭とよばれる宋人の後家をめとりますが、この女性には前夫との間にもうけた連という連れ子がいました。直はのちぞえの連れ子がかわいかったとみえて、一一八四年連に小値賀島の権利をゆずり、その後まもなく平戸で殺されてしまいます。

三子は血縁関係のない継子にたいする譲与は無効だとして、一一八三年、直との間の子囲におなじ権利をゆずります（この譲状に直↓連の譲与という未来のことが出てくるのは矛盾しており、いずれかの年代に誤記があるものと思われます）。つまりおなじ対象が二重に譲られたわけで、連の権利を引き継いだのが持、囲の権利を引き継いだのが固ということになります。

これだけでも充分こんがらかっていますが、この島をめぐる争いは、じつはもっと複雑です。

直から連への譲与が行われたころ、三子の従兄弟と思われる玄城房尋覚《げんじようぼうじんかく》という人が、根拠は不明ですが小値賀島地頭職にたいする権利を主張して、結局連と尋覚がかわるがわる知行するという状態になりました。一一九六年と一二〇四年の二度、両者の訴訟を受けて、尋覚を勝訴とする幕府の判決が出ており、一二〇七年には源実朝《さねとも》の下文で尋覚に同地頭職が安堵されました。翌年尋覚はこれを嫡子通澄《みちずみ》に譲ります。しかしこれで連の権利が完全に否定されたわけでもなかったようです。持は、一二一九年に連と通澄から、あいついで同島の譲状をもらっています。

そのほか、是包の前妻の藤原氏とその腹の子と思われる清五郎、是包の後家とその腹の子松法師《まつほうし》も権利を主張した時期があり、一二〇五年ころには、囲・是包後家・尋覚の三人が、一二〇七年ころには是包前妻・尋覚・囲の三人が、それぞれ幕府の法廷で対決しています。なお、是包の配偶者や子息の主張は、現地住人の証言によって根拠がないと否定されています。

争いの経緯をながながとのべましたが、興味ぶかい論点がたくさんふくまれていることにお気づきでしょうか。

なかでも注目したいのは、この地域で生きる武士たちが結ぶ関係のなかに、日本という枠組みを突き破る要素があることです。

第一に是包が高麗船を略奪したこと、第二に直が宋人の妻だった女性を後妻としたことです。高麗や中国が日常生活のなかに登場していて、特別なことと意識されている形跡がない。直が権利を譲った連れ子の連はおそらく混血児だったでしょう（直の後妻自身が宋人だった可能性もありますが）。

ふたつの民族の血が混じった人間は、このころの北九州ではめずらしくありません。

宗像大社に所蔵される中国渡来の阿弥陀経石の銘文などによると、一三世紀前半の宗像大宮司家《だいぐうじ》では、氏実《うじざね》が王氏をめとって氏国《うじくに》・氏忠《うじただ》をもうけ、氏忠が張氏をめとって氏重《うじしげ》・氏市《うじいち》・氏貞《うじさだ》をもうける、という具合に、二世代にわたって宋商の家と婚姻関係を結んでいます。

もうひとつ見逃せないのは、ここで争われている弁済使とか地頭職とかの具体的な中身です。じつは小値賀島地頭職なるもののおおう範囲はたいへん広く、現在の小値

阿弥陀経石（福岡県宗像市・宗像大社蔵）

賀島のほかに、隣接するはるかに大きな中通島《なかどおりじま》（当時の名前は浦部島《うらべ》）もふくんでいます。そんな茫漠とした空間のなかの何についての権利なのでしょうか。

この地域に水田はそうたくさんありません。むしろ漁業、製塩、交易といった活動の利益を対象とする権利だと思われます。だからこそ流動性がはげしく、かわるがわる知行するというような、通常の田地を中心とする地頭職では想像しにくい知行のあり方もありえたのです。

そして住人たちの船をあやつる活動は国の外にまで広がっており、高麗船の略奪という海賊行為もその一環だったと考えられます。こうした動きのなかで、平戸のような場所には宋人の居留地も生まれていました。

博多の宋人町

清原是包が高麗船を略奪した一一五一年、博多では大きな事件がおきていました。大宰府目代《もくだい》の宗頼《むねより》が、検非違所別当《けびいしょべっとう》安清《やすきよ》らおもだった大宰府の役人たちに五〇〇余騎の軍兵を指揮させ、罪人の捜索・逮捕を名目として、筥崎《はこざき》・博多にあった宋人王昇《おうしょう》の後家の家をはじめ、一六〇〇軒から資財・雑物を略奪し、さらに筥崎宮にも乱入しました。略奪にあった家だけで一六〇〇軒というのですから、当時すでに筥崎・博多が繁華な都市であったことがわかります。

注目すべきは、一六〇〇軒の代表格としてとりわけ富裕だったらしい家が、「宋人王昇の後家」の家だったことです。王昇は居留宋商と考えてよいでしょう。後家とありますが、未亡人というより王昇の留守をあずかっていた「現地妻」ではないでしょうか。

当時、中国周辺地域では、宋商が港町に一定期間居留して、そこを基地に本国や周辺地域との貿易活動を行う形が、広く見られます。華僑《かきょう》の源流のひとつとなったもので、「住蕃《じゅうばん》貿易」とよんでいます。

奈良時代から平安前期にかけての対中国貿易は、鴻臚館《こうろかん》という国設の迎賓館で行われる管理貿易でした。訪れた中国商人は鴻臚館で宿泊・取引きを行い、終わればすぐに帰国するきまりでした。一九八七年から、福岡市中央区福岡城跡内の平和台球場跡地から鴻臚館の遺構が発掘され、礎石・瓦・中国陶磁などが出土しました。鴻臚館は、ある経典に記された一〇九一年の扉書《とびらがき》に「鴻臚館で大宋商客季《き》居簡《きょかん》の模本をもって校

鴻臚館発掘風景（『新版日本の古代』 3より）

正した」とあるのが、文献では最後の史料です。出土遺物でもこの遺跡を特徴づける越州窯青磁《えっしゅうようせいじ》が一一世紀末以降見られなくなります。

鴻臚館と主役を交代するかのように、那《な》珂《か》川をはさんで東側の博多・箱（筥）崎地区が、あらたな貿易拠点として、一一世紀後半から一二世紀前半にかけて最盛期をむかえます。一九七七年以降、福岡市営地下鉄の工事にともなって、博多駅から北にのびる「大博《だいはく》通り」で大規模な発掘調査が実施されました。ここはのちのちまで商人町として栄えた旧博多街区の核心部にあたります。出土物のなかでは白磁がびっくりするほどの量で、関係者は「白磁の洪水」と形容しています。

なかでも興味をひくのが、一九八一年の第一四次調査（店屋町《てんやまち》）で泥炭層から発見された、一一世紀後半～一二世紀初頭の白磁片のおびただしい集積です（章の扉参照）。この地点は、当時形成されつつあった砂州（博多浜）の北西の浜辺にあたります。陸揚げのさいに船中で破損した品をまとめて捨てた場所と推定されています。これら白磁の産地は、福建省泉州《せんしゅう》の磁灶窯《じそうよう》や広東《カントン》省の潮州窯《ちょうしゅうよう》が有力とされています。

では、一隻の船はどのくらいの量の陶磁器を積んでいたのでしょうか。一九七六年に韓国・新安《シナン》沖から発見された一四世紀前半の沈没船からは、約二万点の中国陶磁が引きあげられました。文献にみえる例では、すこし古くなりますが、一〇〇五年寧波《ニンポー》から博多に来航した六〇人乗りの泉州船は、磁器の碗四万個・皿二万枚を積んでいました。新安沈船の例が極端に大きな数量でないことがわかります。

鴻臚館の名がみえる最後の文献史料とほぼ同年代の一〇九七年、大宰権帥《だざいのごんのそち》源経信《つねのぶ》が大宰府で死去した際、博多に住む多数の宋人が、急ぎ京からくだった経信の子俊頼《としより》の宿を、弔問に訪れました。

たらちねに別れぬる身はから人の事問ふさへも此《こ》の世には似ぬ

博多復元図（『堺と博多展』図録より）

は、このときの俊頼の作です。

　このように、一一世紀末の博多にはかなりの規模の宋商居留地が出現していました。一一一六年に「筑前国薄（博）多津唐坊《とうぼう》大山《たいさん》船龔《きょう》三郎船頭房」で書写された経典が近江坂本の西教寺に残っています。「船頭」は船もちの貿易商人を指す中国語「綱首」の日本語訳ですから、この人物は宋商で、大宰府を見下す山上にあった延暦寺の末寺大山寺に属して、船の経営をゆだねられていたと考えられます。とくに注目されるのは居住地を「唐坊」と称していることで、これこそ宋商たちの居留地の名前だと考えられます。

博多に居留する宋商たちの活動の跡は、中国が日本に向けて開いていた窓ともいうべき寧波市にも残っています。市の中心部に明代の富豪が建てた「天一閣」という図書館があり、今は市立博物館になっていますが、ここにもとは寧波の某寺にあった三枚の石板が展示されています。

石板のそれぞれには、一一六七年四月の日付で、寺の参道一丈分の舗装に要する費用一〇貫文を寄附するむねが刻まれていますが、寄附者三人の名は、日本国大宰府博多津居住弟子丁淵《ていえん》・日本国大宰府居住弟子張寧《ちょうねい》・建州普城県寄日本国孝男張公意《ちょうこうい》となっています。丁淵・張寧のふたりは博多に「居住」していましたが、張公意は博多に来て日が浅かったらしく、「寄」という言葉と原籍地が記されています。宋商仲間による募金活動が博多で行われ、三人はそれに応じたのでしょう。

居留地には宗教施設も設けられていました。今も博多駅近くに偉容を誇る禅刹聖《しょう》福寺《ふくじ》は、鎌倉初期に栄西《えいさい》が開いた寺ですが、栄西が源頼朝《よりとも》に援助を求めた手紙とされるものに、「博多百堂の地は宋人が堂舎を建立した旧跡で、仏地なので無人であったが、ここに堂舎を建立して本尊を安置し、鎮護国家を祈りたい」とあります。つまり聖福寺の前身は宋人たちが共同で建てた寺だったのです。一般にこれを「宋人百堂」

張寧刻石。寧波市立博物館蔵（『福岡平野の古環境と遺跡立地』より）

とよんでいます。

　また、宋商たちの社会結合のあり方をうかがわせる材料に、陶磁器に墨で書かれた文字があります。陶磁器に墨書《ぼくしょ》があるのはまれなことですが、博多出土の陶磁器の場合、量が厖大なこともあって、一二〇〇点以上の墨書例が知られています。

　墨書には「丁綱」「張綱」「李綱」「王綱」「周綱」など「―綱」というものが多く見られます。従来はこれを「綱首」の略とみて個人名と解する説が有力でしたが、最近の研究では、組織を代表者の姓であらわしたものと考えられるようになりました。

　なるほど、墨書のなかには、数は少ないですが、「馮号」「圭号」「七号」など「―号」というのもあり、現代中国語で貿易商社の名に「号」が付く（長崎華僑の「泰益号」、神戸華僑の「復興号」など）ことと符合します。

しかしだれがなんのために書いたのか、という基本的な点で、博多に入港した宋商が荷の分類のために書いた、荷を買いつけた博多の勢力（居留宋商や寺社等）が所有や用途を示すために書いた、というふたつの説があり、まだまだ研究の余地があります。

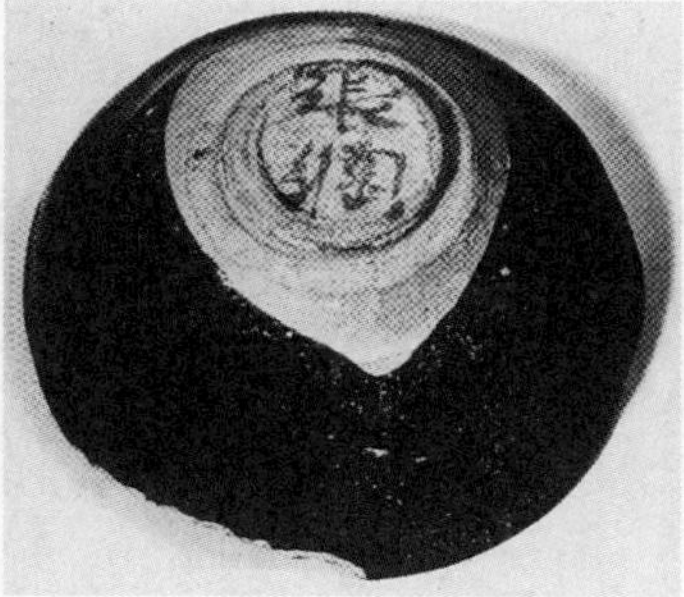

「張綱」の墨書のある陶磁器（『よみがえる中世』１より）

銭の病

一一七九年、日本で伝染病が流行し、「天下上下病悩」という状態になりますが、これを世間では「銭の病」とよびました。三〇年ほどまえから銭貨が流通するようになり、この時点では人目につくほどの量にたっしていたのです。

日本における銭貨の使用は、和同開珎《わどうかいちん》以下のいわゆる「皇朝十二銭」が知られていますが、国家権力が信用を政治的に付与していたもので、首都周辺で流通したにすぎません。それすら律令制のゆるみにともなって、価値が下落しがちでした。かの奝然《ちょうねん》は、宋の太宗の前で「交易には乾元大宝《けんげんたいほう》という銅銭を用います」と胸を張りましたが、じつはこの乾元大宝（九五八年鋳造）こそ「皇朝十二銭」の最後だったのです。

その後は米や絹や布が通貨として用いられましたが、一二世紀なかばになって、民間の売買に銭が使われはじめます。文献上の初見は、東大寺文書にある一一五〇年の売券《ばいけん》（売渡証文）で、奈良の屋敷地を直銭《じきせん》（代価）二七貫文で売却するむねが記されています。

一三世紀にはいると年貢が銭で納められる例があらわれ（これを「代銭納《だいせんのう》」といいます）、世紀のなかば以降急激に普及します。今回の銭貨使用は、国家的強制によるのでなく、社会の深部からの経済的要請におうじてはじまり、いったんひろがりはじめると、あともどりすることはありませんでした。

一二世紀の日本で使われはじめた銭は、中国で鋳造されたものでした。北宋時代には空前絶後の規模で鋳造が行われましたが、とくに神宗の時代（一〇六七〜八五年）には、毎年の鋳造量が数百万貫にのぼりました。宋政府は銭貨の国外帯出を禁じており、その罰則はしだいにきびしくなって、一一六〇年には「五貫文以上持ち出した者は死刑」と定められましたが、なお流出はとどまるところを知りませんでした。持ち出しの手口としては、高大な海船の船倉に銭を満載し、その上をふつうの貨物でおおう、といったものが記録されています。一〇八九年に契丹の遼国に使いした蘇轍《そてつ》という宋人は、こう報告しています。

北界には独自の銭幣《せんぺい》がなく、公私交易にはすべて本朝の銅銭を使っています。沿辺において銭貨の持ち出しは厳重に禁じられていますが、利のあるところとどめがたい勢いです。本朝では毎年の鋳銭が百万の桁《けた》にのぼりますが、なお通貨量の不足に悩んでいます。けだ

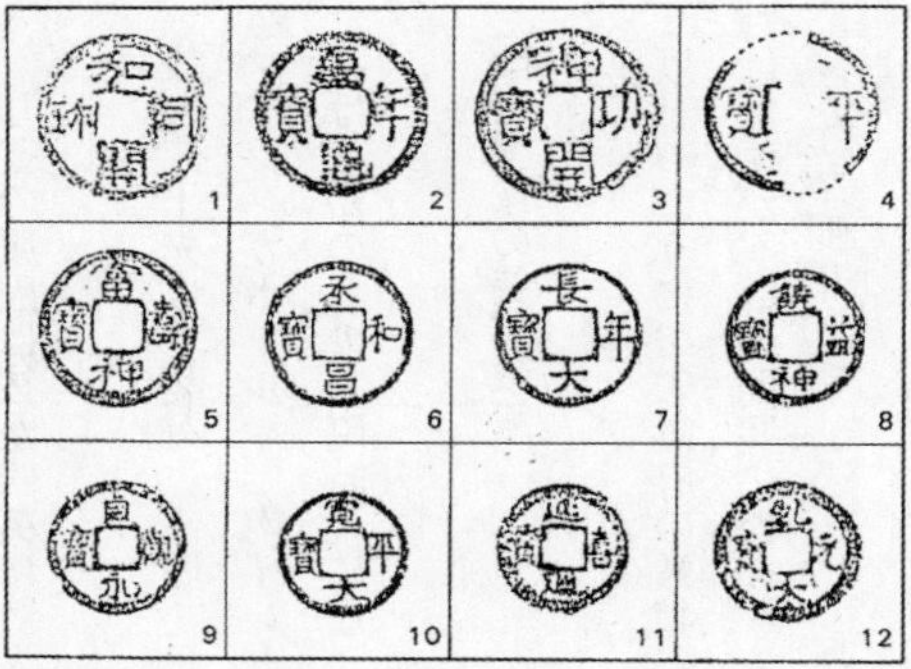

九州出土の「皇朝十二銭」（高倉洋彰『大宰府と観世音寺』より）

しその原因は銭が四夷《しい》に散入してしまうことにあります。

銭の流出先は、契丹・高麗・日本はもちろんのこと、東南アジアのジャワ、パレンバン、シンガポールや、南インド、さらにはアフリカ東岸にまでおよんでいます。また、はるかのちの室町時代になっても、日本で流通していた銭の過半は北宋銭でした。

中世国家の銭貨政策

以上のように、宋政府の厳禁にもかかわらず、銭は外国へどんどん流出していったわけですが、この問題にたいする日本政府の態度はどうだったでしょうか。

「万物沽価法《ばんぶつこかほう》」というものがあります。朝廷が物価を公定する法で、奝然が帰国した寛和《かんな》二年(九八六年)や、有名な荘園整理令が出た延久《えんきゅう》四年(一〇七二年)に発令され、鳥羽院政下の一一三八年にも延久法が再確認されました。ところが「銭の病」が流行した一一七九年七月、法が守られていないということで、またしても朝廷の会議で立法が議論されました。

今度も延久法のまま出せという意見があるいっぽうで、近年の状況にそくして内容をあらためるべきだという意見も出ました。とくに問題となったのは銭使用公認の是非でした。それが銭による物価表示の前提となるからです。

「皇憲に違反する銭使用は禁止がたてまえだが、中国でも日本でも銭の流通を幸いとしているから、私鋳銭をのぞいて交易に銭を用いるのを許してはどうか」という意見が優勢でしたが、なお銭で表示するとしても、寛和法の公定価格を準用するのか、現在の諸国での済例《さいれい》（年貢と銭との換算率）に依拠するのか、それともまったく新しく定めるのか、など議論が沸騰しました。

そこで右大臣九条兼実の意見を聞くことになりました。これにたいして兼実は、法律専門家たちの意見を聞くことを提案するにとどめましたが、日記には「わが朝の衰弊はただこの事にあり」と本音をもらしています。

この議論はその後も朝廷でくりかえされます。一一八七年には、「銭の事は書記官に先例を調べさせて停止《ちょうじ》するかいなかを定めるが、今銭《きんせん》については議定《ぎじょう》に及ばず停止せよ」という結論になりました。今銭は当時流通していた宋銭ですから、前半の「銭の事云々」はほとんど姿を消していた「皇朝十二銭」を念頭においているのでしょう。

ずいぶん形式的な議論ですが、このような先例万能主義が当時の朝廷では支配的でした。

一一九二年一〇月にも「銭貨停否事」が論じられ、なみいる公卿たちが一様に「停止すべし」とするなかで、内大臣中山忠親ひとりが、「宣下《せんげ》の内容を検非違使庁《けびいしちょう》に実行させるシステムを確立することが先決だ。定められた法が実施されないなら、たとえ禁止しても前のように有名無実になってしまう」という意見をのべました。これも銭貨を積極的に認めようというのではなくて、禁止の手続きを問題にしているにすぎません。左大臣三条実房《さんじょうさねふさ》は「停止は当然だが、銭貨以外についても商人の違法行為を取り締まることが必要だ」と強硬でした。

この会議の結論は、翌年七月四日、正式の法令として公布されます。

まさに自今《じこん》以後永く停止に従うべき宋朝銭貨の事。右、（中略）銭貨の交関《こうかん》（取引き）を止むるにあらざるよりは、いかでか直法《じきほう》に和市《わし》を定むるを得んや。よって検非違使ならびに京職《きょうしき》、自今以後永く停止に従え、者《てえり》。

「直法に和市を定む」という万物沽価法に実効性をもたせるためには、宋銭の停止が不可欠だ、という論理になっています。また、法の実行を命じられているのは検非違使と京職ですから、法令が念頭に置いているのは洛中です。諸国では、まえにみた議論で「諸国の済例」が話題になっていたように、銭貨による貢納物の支払いはふつうのことでした。

このような朝廷の政策はどれくらい実効があったのでしょうか。一二〇〇年、洛中の市場で、日吉《ひえ》社の大津神人《おおつじにん》が検非違使の下役人に物の代価を絹か布で支払おうとしたところ（属する組織は違いますが双方とも商人と考えてよいでしょう）、下役人は神人に銭で受け取りたいともちかけました。神人が「銭貨使用は御法度《ごはっと》のはずだから無理だ」とことわりますと、下役人は「銭貨の取締りをやってるのはおれたちだから大丈夫」と請け合って、自分の家主である女金貸しを紹介して神人たちに銭を借りさせました。銭による取引きが成立したとたん、下役人は神人の所持物をタダ取りする計略をめぐらし、「禁制の物を使った」と言いたてて神人らを職権で捕まえてしまいました。

この例から、①銭貨停止令は洛中の市場ではそれなりに守られていて、現物貨幣による取引きが行われていたこと、②銭貨による取引きがひそかに行われており、そのための裏金融業者が存在したこと、③停止令実施の手足となるべき下役人にもあやしげな者がいたこと、などがわかります。つまり禁令はいちおうは実施されていましたが、いくら朝廷が禁止したところで、社会的な要請があるかぎり徹底させることは困難でした。

では宋銭はどんなルートで日本社会にはいってきたのでしょうか。陶磁器のように現物で証明するのは困難ですが、宋商の「住蕃《じゅうばん》貿易」によったことはまずまちがいありません。

初期の使用例が奈良・京都にかぎられることは、九州荘園→荘園領主のルートで畿内に集中したようにもみえますが、平安時代の古文書自体が畿内に集中して残存しているので、九州方面での銭遣いがなかったとはいえません。一三世紀以降になると、銭の使用状況は中央集中型ではなく、地方社会にも広く浸透していきました。これは各地の中世遺跡から出土する銭貨で証明できます。

そして、これもたしかな証拠はありませんが、平氏政権の政治的な力が働いているように思えてなりません。万物沽価法をめぐる議論を追っていくと、一一七九年と八七年のあいだで論調が大きく変わり、たてまえ論が幅をきかせるようになったことに気づきます。

この間におこった大事件といえば、一一八三年の平家都落ち、八五年の一門滅亡です。そうすると、一一七九年の会議で銭貨公認を主張したのは平氏一門であった、という推論がなりたちます。この年七月現在、現任の公卿は二九人いましたが、平氏一門として時忠《ときただ》・頼盛・教盛《のりもり》が名を連ねています。

ここに平氏が西国方面に重点的に領地を確保していたことを重ね合わせると、日本における銭貨の受け取り手の中心は平氏勢力であったと推断してもよいのではないでしょうか。

その後中世を通じて日本の通貨の中心は中国銭でした。唯一の例外が後醍醐《ごだいご》天皇の造幣政策です。一三三四年の「改銭の詔《しょう》」は、国家は独自の銭をもつべしとして、中国の先例と「皇朝十二銭」にふれたあと、現状を「降《くだ》りて近古に及び、これを外国に求め、ほしいままに俗間に敷き、官法忘るるがごとし。すこぶる彝典《いてん》（常法）に違い、また政令を枉《ま》ぐ」と批判し、銭貨の鋳造を命じました。

この批判自体から、中世の日本が中国銭の通貨圏に完全に組みこまれていたことが読みとれます。しかもその通貨圏の経済的影響力は、宋・日本双方の国家による規制をものともせず、国境をこえて広がっていきました。通貨というものがほんらい国家をこえる性格をもっていることは、現在のドルやユーロや円と共通しています。後醍醐が壮大な意図をこめて「乾坤通宝《けんこんつうほう》」と名づけた銭貨と紙幣は、「改銭の詔」以外痕跡すら残っていません。

第三章　鎌倉幕府と武人政権

——日本と高麗

平治の乱で三条殿を焼討ちする武士たち。『平治物語絵巻』（ボストン美術館蔵）

鎌倉幕府と武人政権・付表

日本	高麗
1135 備前守平忠盛に海賊を追討させる	1135 妙清、西京で蜂起、国名と年号を建てる
	1146 毅宗即位する
1156 保元の乱	
1159 平治の乱	
1167 平清盛、太政大臣となる	
1170 藤原秀衡、鎮守府将軍となる	1170 李義方以下の武人、文人を殺し、毅宗を廃して明宗を立つ（庚寅の乱）
	1173 文人の生き残りが武人に殺される（癸巳の乱）
	1174 趙位寵、武人に反抗して鎮圧される　鄭仲夫、李義方を殺す
1179 清盛、後白河法皇を鳥羽殿に幽閉	1179 慶大升、鄭仲夫を殺す
1180 源頼朝、伊豆で挙兵、鎌倉に入る	
1183 木曽義仲・源行家入京　義仲、法皇を法住寺殿に幽閉	1183 慶大升病死　李義旼、政権を握る
1184 頼朝、義仲を破り、平家追討の宣旨を得る　一の谷の戦い　頼朝、公文所・問注所を設置	
1185 屋島の戦い　壇ノ浦の戦い、平家滅ぶ　行家・義経に頼朝追討の宣旨下る　頼朝の要求で諸国に地頭を設置	
1189 藤原泰衡、義経を殺す　頼朝、奥州藤原氏を滅ぼす	
1190 頼朝、上洛して法皇に面会	1196 崔忠献、李義旼を殺して政権を掌握
	1197 忠献、明宗を廃し神宗を立てる　弟忠粋を殺す

「武者の世」のはじまり

「中世」ということばにもっともふさわしい人間集団をひとつあげるとしたら？やはり「武士」と答えるのが妥当な線でしょう。天台座主《てんだいざす》慈円《じえん》が、承久《じょうきゅう》の乱の直前に、幕府打倒を画策していた後鳥羽《ごとば》上皇をいさめるために著した『愚管抄《ぐかんしょう》』という歴史書は、一一五六年におきた保元《ほうげん》の乱についてこう記しています。

> 保元元年七月二日、鳥羽院ウセサセ給《たまい》テ後、日本国ノ乱逆《らんげき》ト云《いう》コトハヲコリテ後、ムサノ世ニナリニケルナリ。コノ次第ノコトハリ（理）ヲ、コレハセンニ（詮）思《おもい》テカキヲキ侍《はべる》ナリ。

慈円は、保元の乱を境に日本国は「武者の世」にはいったと認識しており、「こういうふうになった順序の筋道をこの本は一番の重要な点と考えて書いたのです」（この現代語訳は岩波古典文学大系本の頭注から借用しました）といっています。保元以前にも、都の外では将門《まさかど》の乱をはじめ、武士たちの合戦がありましたが、都が戦場となり、その結果が中央の政治情勢を大きく左右したという点に、慈円は時代を区切るしるしを見いだしたのです。

「武者の世」突入から四半世紀がたった治承《じしょう》四（一一八〇）年八月一七日、平氏によって伊豆《いず》に流されていた源頼朝が、伊豆国の在庁官人《ざいちょうかんじん》山木《やまき》兼隆《かねたか》の館に夜討ちをかけました。兼隆は平氏の与党として伊豆ではぶりをきかせていた人物です。その後頼朝は、一時は苦戦を強いられましたが、まもなく南関東の有力武士たちを味方につけ、一〇月に相模《さがみ》国鎌倉にはいって、京都にたいして独立的な地方政権を発足させます。明治維新までつづく幕府権力の第一走者、鎌倉幕府がうぶごえをあげた瞬間です。

京都にいてこの激動を見つめていた藤原定家《ていか》が、日記『明月記《めいげつき》』のこの年九月某日の条に記したことば、「世上《せじょう》の乱逆追討《らんげき》、耳に満つるといえども、これを注《しる》さず。紅《こう》旗《き》征戎《せいじゅう》、吾が事にあらず」は、あまりにも有名です（紅旗は天子・朝廷の象徴としての赤い旗、戎は頼朝たち反逆勢力を指します）。治承・寿永《じゅえい》の内乱の勃発という歴史の奔流に定家がとった姿勢を示すものだからです。

しかしこの言葉を、政治や軍事に背をむけて文学の世界に閉じこもったものと解釈するのは、誤っています。つづけて彼はこう書きつけているからです。

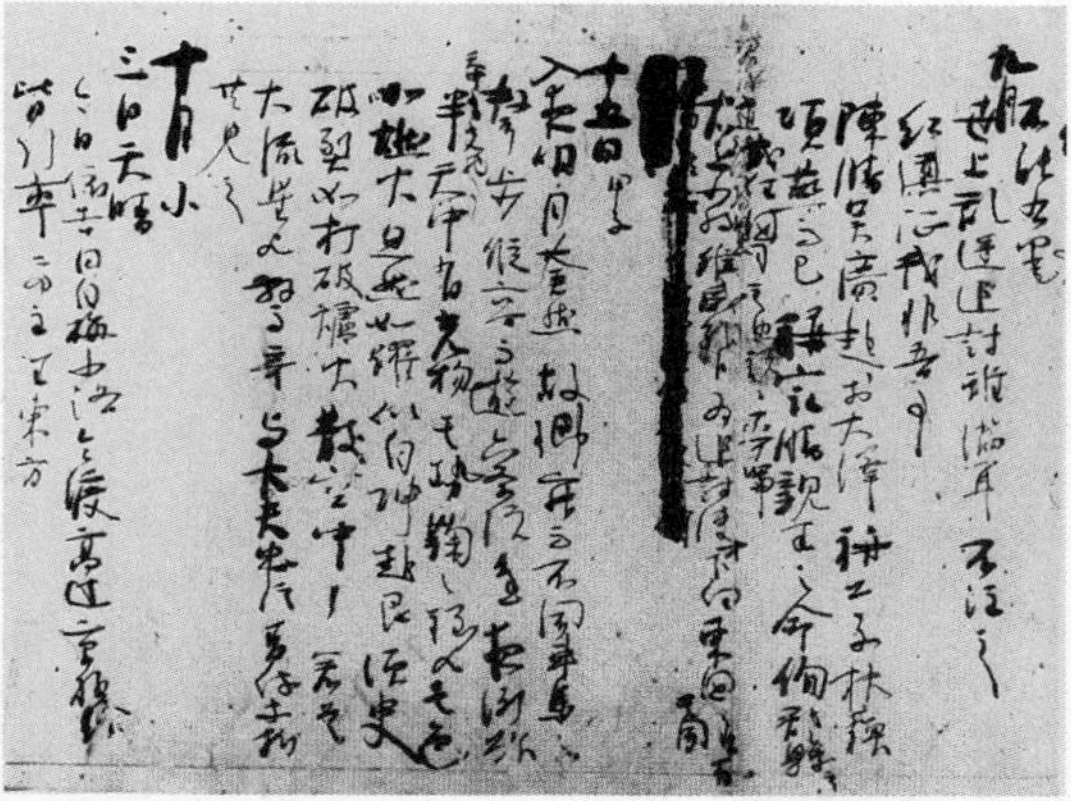

『明月記』治承４年９月条。藤原定家自筆（天理図書館蔵）

陳勝《ちんしょう》・呉広《ごこう》は大沢《だいたく》より起《た》ち、公子扶《ふ》蘇《そ》・項燕《こうえん》と称するのみ。最勝親王《さいしょうしんのう》の命と称し、郡県に徇《とな》うと云々《うんぬん》。

紀元前二〇九年七月、陳勝・呉広が大沢郷でおこした武装蜂起は、最初の中華帝国秦《しん》の滅亡劇の序曲でした。そのさい、陳は前年宰相李斯《りし》と宦官趙高《かんがんちょうこう》に謀殺された始皇帝の長子扶蘇に、呉は楚《そ》の名将として名高い項燕になりすまして、天下の唱えをなしました。

『史記』陳渉世家《ちんしょうせいか》にみえるこの史実を、定家は、頼朝が一一八〇年五月に平家軍に討たれた以仁王《もちひとおう》（最勝親王、後白河第二皇子）の生存説を流しながら、その令旨《りょうじ》を錦の御旗として挙兵した事件になぞらえたのです。

ところかわって高麗の首都開京《ケギョン》、時は一一九八年。平維盛《これもり》の子六代《ろくだい》が斬られて平家の跡が絶えた年で、翌年正月には頼朝が死去します。高麗王朝の歴史を、つぎの朝鮮王朝が国家事業として編纂した『高麗史』は、奴隷の反乱事件の勃発を伝えています。

> 私《し》僮《どう》万積《マンジョク》等六人、撫北山《ムブクサン》に公私の奴隷を招集し、謀りて曰《いわ》く、「国家庚《こう》・癸《き》（庚《こう》寅《いん》・癸巳《きし》の乱）より以来、朱紫（高位高官）多く賤隷《せんれい》より起つ。将相寧《な》んぞ種あらんや。時来れば則《すなわ》ちなるべきなり。吾が輩安《いずく》んぞ筋骨を労し、捶楚《すいそ》（罪人をうつ笞《むち》）の下《もと》に困《くる》しまんや」と。諸奴皆これを然《しか》りとす。……約して曰く、「……官奴《ど》等内に誅鋤《ちゅうじょ》（殲滅）し、吾が徒城中に蜂起して、先《ま》ず崔忠献《チェチュンホン》等を殺し、なお各《おのおの》その主を格殺して、賤籍を焚《や》き、三韓をして賤人なからしめば、則ち公卿《こうけい》将相、吾が輩皆これになるを得ん」と。

高麗では、一一七〇年と七三年におきた武人のクーデタ（庚寅《こういん》・癸巳《きし》の乱）以来、武人の勢力争いによる政変がくり返しおきました。政治的動揺は身分秩序の流動化をひきおこしました。そこに解放への曙光《しょこう》を見た公私の奴隷たちは、官奴は内廷、私奴は開京市内で蜂起し、崔忠献をはじめとする奴隷所有者たちを殺し、賤民戸籍を焼いて賤民身分をなくそうとしたのです。この事件は、崔氏によって鎮圧されてしまいましたが、文人を圧倒して勝ち誇る崔忠献を足もとから揺るがしました。

万積らが身分解放の可能性を訴えた「将相寧んぞ種あらんや」ということばには、じつは典拠があります。前出の『史記』陳渉世家《ちんしょうせいか》に、陳勝が「壮士は死せずとも即《すなわ》ち已《や》まん、死せば即ち大名《たいめい》を挙げんのみ、王侯将相寧んぞ種あらんや」と訴えたと出ています。出自のいやしさは権力をにぎるうえでなんら障害にはならない。ここに革命肯定の思想を明瞭に読みとることができます。

一二世紀の後半、日本と高麗はともに、従来の王朝の権威が大きくゆらいで、武人が実権をにぎり、内乱状況が広汎な社会へひろがってゆくという大変動を経験しました。そのさい、典型的な易姓《えきせい》革命として名高い秦漢の交代が思いおこされていました。

易姓革命という字は、「姓を易《か》え命を革《あらた》む」と読むことができます。ある王朝が不徳ゆえに衰え、あらたな王朝がこれを倒すと、天子の姓が易わります。新王朝は政治改革を断行して自己の徳を天下におよぼします。

夏《か》以来武力による王朝交代がくりかえされてきた中国では、その現象を王朝の徳の有無によって説明し、徳なき天子を臣下が放伐《ほうばつ》(追放し討伐)することを是認する、易姓革命の思想がひろく受け入れられていました。それは政治や歴史の書物の輸入を通じて、日本や朝鮮にも伝えられました。

ほとんどときを同じくして、日本と高麗で武人の政権が登場したことは、偶然なのでしょうか。双方のあいだに、なにか共通したものがあるのでしょうか。また共通性があったとしても、その後に両武人政権がたどった運命はずいぶん対照的でした。どこに分岐点があったのでしょうか。この章では、比較史の手法を使いながら、「幕府」とよばれる日本の武人政権の特質について、考えてみたいと思います。

成立までの政治過程

高麗の官僚制は、文・武並立のかたちをとっていましたが、文官の地位がはるかに高く、軍事司令官の地位も武人ではなく文人が占めました。武人たちは、文人に使役されるのみで国家意思の決定に参与できないことに、不満をつのらせていました。

ついに一一七〇年、鄭仲夫《チョンチュンブ》・李義方《イウィバン》・李高《イゴ》らの将軍たちが反乱をおこし、文人を大量に殺しました（庚寅の乱）。そのさい武人は国王毅宗《きそう》を廃して弟の明宗《めいそう》を王位につけましたが、三年後、毅宗の復位を画策したかどで、生き残りの文人を殺しました（癸巳の乱）。このとき毅宗はのちに政権を握る李義旼《イウィミン》に殺されます。

庚癸の乱の三巨頭のうち、李義方が李高を殺し、娘を太子妃にして権勢をふるいましたので、一一七四年鄭仲夫によってのぞかれ、その仲夫も七九年、青年将軍の慶大升《キョンデスン》に殺されました。大升が八三年に病死すると、地方に退いて勢力をたくわえていた李義旼が政権をにぎりました。義旼政権のもとで武人によるポスト奪取はいっそうすみ、王側近の儒官《じゆかん》まで武人が占めるようになりましたが、この政権も安定せず、九六年崔忠献にとってかわられました。

このように、一一七〇年以降、武人のリーダーは李義方、鄭仲夫、慶大升、李義旼、そして崔忠献と、めまぐるしく交代しました。これは日本で、一一七九年に平清盛がクーデタで実権を掌握して以後、八三年に木曾《きそ》義仲《よしなか》、八四年に源義経《よしつね》、八五年に源頼朝、そして九九年の頼朝死後、紆余曲折をへて北条氏の勢力と、京都の政局を左右する武家勢力が入れかわったことと、よく似ています（九〇頁年表参照）。

　類似点はこれだけではありません。武人は庚寅の乱で王をとりかえ、癸巳の乱で前王を殺しました。崔忠献は、政権掌握の翌年に明宗を廃して弟の神宗《しんそう》をたてると、以後、一二〇四年に熙宗《きそう》（神宗の子）、一二一一年に康宗《こうそう》（明宗の子）、一二一三年に高宗《こうそう》（康宗の子）と、ひんぱんに王を交代させて、王権を徹底的に骨抜きにしました。

　日本では、一一七九年に清盛は後白河院政を停止し、翌年外孫の安徳《あんとく》天皇を皇位につけました。天皇や上皇が殺されるにはいたりませんでしたが、見方によっては、安徳天皇は壇ノ浦で殺されたも同然でしょう。

　頼朝の死後実権をにぎった北条氏は、原則として皇位継承に不干渉の態度をとりましたが、一二二一年に後鳥羽上皇にしかけられた幕府打倒戦争（承久の乱）に勝利すると、皇位についたばかりの仲恭《ちゅうきょう》天皇を廃《はい》し、後鳥羽の甥《おい》にあたる後堀河《ごほりかわ》天皇を擁立、その父守貞親王《もりさだしんのう》に院政をとらせました。皇位についたことがない者が院政を行うのはきわめつけの異例です。この事件は皇位の最終的な決定権が幕府にあることを天下に知らせました。

　武人間での骨肉の争いという点でも、著しい相似がみられます。保元の乱では、後白河天皇方の源義朝《よしとも》は父為義《ためよし》、弟頼賢《よりかた》らを斬り、平清盛は叔父忠正《ただまさ》らを斬りました。頼朝と義経の確執についてはくだくだしくのべる必要はないでしょう。

高麗でも、崔《チエ》氏政権樹立の翌年に、はやくも忠献《チユンホン》が弟忠粋《チユンス》を殺す事態にいたります。対立の原因は王室との関係でした。一一九七年、明宗に代わる王として忠粋は自分と親しい王族を推しましたが、忠献はこれを退けて神宗を王とします。神宗が即位すると、忠粋は自分の娘を太子の妃にしようとして兄に反対され、ついに反乱をおこして滅ぼされます。立場は逆ですが、娘の入内《じゆだい》を望んで京都の政争にまきこまれたという、頼朝晩年の失策を思い出します。

権力編成原理

武人の権力を考えるさいの中心問題は、国家内で武力がどのような原理で編成されているかにあります。鎌倉幕府の場合、ほんらい自立的な武力の主体だった諸国の武士が、鎌倉殿と主従の契約を結んで御家人となります。そして幕府内に御家人らを統制する「侍所《さむらいどころ》」という機関が設置されます。鎌倉殿の家父長的な隷属のもとにある武士もいましたが、幕府権力の保有する武力の中核は、独自の「家」の主体である御家人《ごけにん》層でした。こうした制度を御家人制とよんでいます。御家人制は、鎌倉殿の「家」には包摂されない広範囲の武士たちを、幕府のもとに結集するのに有効でした。

御家人制のもうひとつの特徴は、主従関係が、個人間の情誼的《じょうぎてき》な関係にとどまらないで、御家人の所領を鎌倉殿が「地頭職《じとうしき》」として安堵あるいは給与する、という行為によって裏打ちされていたことです。こうして幕府は、御家人という人間を支配下におくと同時に、御家人の所有する土地をも権力の基盤に組み入れることができたのです。具体的には、御家人は御家人役とよばれる幕府への負担を、所領の大小におうじて勤めました。

こうして幕府の制度では、人の支配と土地の支配とが統一されており、その意味で「地頭御家人」というふたつの語をつないだよび方は、幕府権力の特質を端的にいいあてています。

高麗武人政権の武力については、史料の不足からあまり明確ではありませんが、巡検軍・禁軍など王朝の公的な軍隊を利用する場合が多かったようです。独自の兵力としては、①悪小とか死士・勇士などとよばれる浮動的な武勇者、②家僮《かどう》とよばれる奴隷身分の従者、③門客とよばれる私的な家臣団、の三つが指摘されています。武人配下の最大の兵力である「都房《トバン》」は、これらをいくつかの番に編成して、交代で武人のリーダーを守衛する組織のようです。

都房は、慶大升らが鄭仲夫を倒して政権をにぎった直後の一一七九年に、はじめて史料上に姿を見せますが、これは大升が「死士百数十人を招致して門下に留養し」、身辺を警護させたものでした。彼らは、長い枕、大きい布団で共同生活を送り、何日かごとに交代して宿衛にあたり、ときには大升もおなじ布団で寝たといいます。大升は武人のなかに敵が多く、身の危険を恐れて多数の壮士を養っていましたが、こうしたなかで原初的な主従関係が育っていったのです。

崔忠献の時代になると、「文武官・閑良（任官前の武人）・軍卒の強にして力ある者」をみな招致して六番の都房に編成し、日替わりで忠献の家に宿直する制度となりました。忠献が家を出入りするたびに当番の都房が前後を守るようすは、戦陣に赴くがごとくでした。軍団編成の対象が拡大すると同時に、制度的整備がうかがえます。

一二〇六年、忠献は熙宗から晋康侯《しんこうこう》という称号をあたえられ、興寧府《こうねいふ》という組織をもつことを許されます。その儀式が行われる忠献の邸宅には、王族がみなあいさつに訪れ、到来した王の使者には犀帯《さいたい》・白金・綾絹《りようけん》・鞍馬《あんば》など豪華な品が贈られました。『高麗史』はその次第を記したあと、「三韓より以来《このかた》、人臣の家にいまだあらざる所なり。……侍従・門客はほとんど三千人なり」とつけくわえています。

都房による宿直の制度は、鎌倉殿を守衛する「鎌倉番役」に似ていますが、地頭御家人制との大きなちがいは、従者の軍事的奉仕への見返りとしての土地の安堵や給与が、制度的に未熟だったことです。武人の首長が私有地の管理を門客や家僮にゆだねた例はありますが、首長自身の私有地でない従者の領地を、首長が安堵あるいは給与することはありませんでした。その結果武人政権は、人の支配と土地の支配を統一して王権の外に自立的な基盤を築きあげるにはいたらなかったのです。

首長の性格

鎌倉幕府の首長は、朝廷から任命された官職としては「征夷《せいい》大将軍」でしたが、御家人を従える主従関係の主体という面からは「鎌倉殿」とよばれました。両者はつねに同一の人格のもとに統一されていたわけではありません。征夷大将軍という官職を帯びていなくても、幕府の首長であることは可能でした。

一二一九年、実朝《さねとも》亡きあとの幕府の首長として九条家から迎えられた頼経《よりつね》（当時二歳）が、征夷大将軍に任じたのは、一二二六年のことでした。その間、頼経は鎌倉殿ではあったが征夷大将軍ではなかったわけです。幕府の首長にとっては鎌倉殿のほうがより本質的だったといえましょう。とはいえ、幕府の首長が征夷大将軍である状態がノーマルだったことはいうまでもありません。

それでは将軍は、天皇を中心とする旧来の国家体系のなかでどのような役割を期待されていたのでしょうか。

藤原頼経木像（鎌倉・明王院蔵）

一一九九年の源頼朝の死後、跡を継いだ頼家《よりいえ》にたいして、御家人をしてもとのごとく「諸国守護」を奉行させるように、という宣旨《せんじ》（朝廷からの示達）が出ています。これは一一八五年に頼朝に認められた国ごとに「守護」を設置する権利を、新将軍頼家にも認めたものです。

守護の任務は、管轄国の御家人を指揮して朝廷を警衛する「大番役《おおばんやく》」の催促と、管轄国内で発生する謀反・殺害《せつがい》などの重大犯罪の取り締まりです。この大番催促・謀反《むほん》・殺害を総称して「大犯三箇条《たいぼんさんかじょう》」といいます。守護はこれをこえる権限行使ができないのが、幕府法のたてまえでした。

そして守護の任命権者としての将軍の地位は、「日本国惣守護《そうしゅご》」と表現されます。守護の権限内容から考えて、将軍のはたすべき役割は、軍事・警察機能をにぎって国家の安全を「守護」することにあったといえます。これを「国家的検断」とよんでおきます。

では高麗武人政権の首長は、既存の王権のどこに制度的な位置を得たのでしょうか。それは、「教定都監《きょうていとかん》」という官庁とその長官である「教定別監《べつかん》」でした。教定都監は一二〇九年に成立し、武人政権の中枢機関となりました。『高麗史』に、「崔忠献が権力を握ると、その施策はかならず教定都監を通じて遂行され、嫡子の瑀《ウ》もこれを踏襲した」とあります。武人の首長の正統性は、国王から教定別監に任命されることによって獲得されました。忠献―怡《イ》（瑀の改名）―沆《ハン》―竩《ウィ》の崔氏四代だけでなく、崔氏滅亡後に実権をにぎった武人の金俊《キムジュン》、林衍《イムヨン》、林惟茂《イムユム》もあいついでこの職についています。

たとえば金俊の場合、一二六三年に国王元宗《げんそう》は「命じて教定別監と為《な》し、国家の非違を糾察《きゅうさつ》」させた、と『高麗史』はのべています。教定別監が国家的検断を任とした
ことは、「日本国惣守護」であった将軍と共通しており、注目されます。

しかし、『高麗史』を見るかぎり、教定都監も数ある都監のひとつにすぎません。

都監とは、特定の目的のために随時設立される官庁にあたえられる名称です。たとえば、高麗王が元に入朝するさいに臨時に設置され、旅費・滞在費の調達や国王一行への供給を任務とする官庁を「盤纏《ばんてん》都監」といいました。そのほか、『高麗史』には「迎送都監」「倉庫都監」「戦艦兵粮《ひょうろう》都監」など、多種多様な都監が列挙されています。

教定都監はそのまんなかへんに目立たなく記されているにすぎません。武人政権は、実権において圧倒的ではありましたが、その中枢機関を都監としてしか制度化できなかったのです。これは彼らの権力機構の未熟さを示すものといわざるをえません。

しかし考えてみれば、中世の日本で『高麗史』のような王朝中心の正史が（しかも幕府の滅亡後に）編纂されていたとしたら、幕府も教定都監と五十歩百歩の扱いをうけていたかもしれません。「幕府」ということば自体が、軍陣における将軍の幕営を意味しており、語源的にはあくまで臨時のものにすぎないのですから。

『高麗史』は、崔氏の政権を「叛逆伝」のなかで扱うといった、イデオロギー色の鮮明な書物です。武人政権の制度的な拠点となった教定都監を、実際よりはるかに小さな存在として描いたとしても、不思議はありません。

つぎに、従来あまり注目されていないことですが、教定別監には「令公」という別称がありました。一二七〇年に武人の長林惟茂が教定別監に任じられたことを、『元史』は「権臣林衍死し、その子惟茂、ほしいままに令公の位を襲う」と書いています。令公の初見は、一二一九年に死の床についた崔忠献のことを、ある人が「令公の病篤し」と伝えた、という『高麗史』の記事です。忠献は一二〇六年に熙宗から「中書令晋康公」をくわえられて辞退しており、以後、中書令の異称である「令公」の名でよばれるようになったのでしょう。頼朝の通称である「前右大将家《さきのうだいしょうけ》」と通ずるところがあります。

一二三一年、モンゴル軍が高麗侵略を開始し、翌年、高麗の王室は難をさけて開京から江華島《カンファド》に移ります。遷都の直前、モンゴルの将河西《かせい》元帥から来た手紙は「令公」に宛てられていました。武人の長崔怡《チェイ》は、「われは令公にあらず」と言って受け取らず、モンゴル軍との講和交渉《こうしょう》にあたっていた王族の淮安公侹《わいあんこうチョン》に回しましたが、ふたりが押しつけあったあげくに、怡が李《イ》奎報《ギュボ》という学者に侹の名で返事を書かせて送りました。しかし同年末に国王高宗からモンゴルの将サルタイに宛てた手紙では、崔怡のことを「崔令公」とよんでいます。

また、一二五八年に柳璥《ユギョン》・金俊《キムジュン》らが崔竩《チェウイ》の家を襲って崔氏を滅ぼしたとき、道で「令公死せり」とよばわらせて人を集めました。はるかに下って一三八八年、のちに朝鮮朝を開いた李《イ》成桂《ソンゲ》は、明の遼東《りょうとう》を討つために出陣後、鴨緑江《おうりょくこう》の威化島《ウイファド》から兵を開京に返し、クーデタで実権をにぎりました。これが有名な威化島の回軍です。開京へ入城する直前、彼は戦争の吉凶を占って松の株を射、みごとに割りました。さっそく部下から、「わが令公について行けば行けないところはない」という祝詞が奉られました。

以上の例を総合しますと、令公という呼称には二つのニュアンスがあることがわかります。第一に、武人の首長の王朝官制から独立した側面が表現される、第二に、武人政権の外から（とくにモンゴルから）武人の首長を見た場合に用いられる、という点です。

前者については、令公を鎌倉殿に、教定別監を征夷大将軍に、対比することも可能でしょう。後者については、令公がみえる例の多くが、江華島遷都、崔氏滅亡、威化島回軍など、いずれも中国とかかわりの深い重要事件にからんでいます。これは幕府の首長にはない要素です。ついでにいえば、高麗末期に李成桂が令公とよばれていたことから、当時の彼の権力を武人政権の一種として理解することができます。

地域性と階層流動

幕府にあって高麗武人政権にない特徴をひとつだけあげるとしたら、なんといっても幕府が、鎌倉という、旧来の王権所在地から遠くはなれた地を本拠に選んだことでしょう。これによって幕府は、東国という、京都の支配力の行きわたらない広大な領域を権力の基盤とすることができましたし、鎌倉という、独自の中央権力機構が所在し、東国各地から交通路が集中する「首都」をもつこともできました。

その地域的自立は、関東へ下った平氏や源氏が長年培ってきたものです。『愚管抄』によれば、一一五六年の保元の乱のとき、源為義は崇徳《すとく》上皇に「関東へ御幸《みゆき》候テ、アシガラ《（足柄）》ノ山キリフサギ候ナバ、ヤウ〳〵京中ハヱタヽヘ候ハジ（堪えられなくなる）物ヲ。東国ハヨリヨシ（頼　義）・義家ガトキヨリ為義ニシタガハヌモノ候ハズ」と、東国に反撃の基地を作ることをすめています。このときは構想におわりましたが、その延長線上に鎌倉幕府の成立を展望することができます。

これにたいして高麗武人政権は、あくまで王朝の首都開京を舞台とする権力闘争を通じて覇権を獲得しました。政権の権力機構や軍事力は、従前の王朝機構から完全に独立してはいませんでした。

武人の首長には、李義旼のように、出身地の慶州《キヨンジユ》に相当大きな支持勢力をもつ者もおりましたが、それも族人の範囲をこえるものではなく、また慶州を政権の根拠地としたわけでもありません。あくまで首都にあって王朝機構の中枢部の支配をめざすのが、彼らのとった戦略でした。在地に根をもつ勢力としては未熟で、せいぜい平氏政権のレベルに止まったといわざるをえません。

しかしそうなったのは、高麗という国が地域性のない均一な構成をもっていたからではありません。一二〇二年、新羅の旧都である慶州の人が崔氏政権への反乱をくわだてたさい、「高麗の王業はほとんど尽きたり、新羅かならずや復興せん」とよびかけました。高句麗《こうくり》・新羅・百済三国鼎立《ていりつ》の流れをひく地域的対立は、高、現代にまで尾をひいていますが、ここにもそのあらわれがみられます。このように、地域的自立をめざす動きは、日本の東国にひけをとるものではありませんでした。

武人政権が地域的基盤をもてなかった第一の理由は、高麗の王朝国家が、中世の日本とはちがって、中央集権的な官僚制を軸になりたっていたことに求められます。地方にいては国家体制を大きく変革することが不可能だったのです。こうした集権性は、高麗が日本よりもはるかに強くかつ継続的な対外的緊張のもとにおかれたことと、密接なかかわりがあります。対外的危機に備える軍事体制は、一元化された意思決定と、その意思が末端へ迅速に伝達されることを要求するからです。

以上のように、権力の自立度という指標で見るかぎり、武人政権は鎌倉幕府に比べてはるかに未熟な権力だったことは明らかです。しかし、視点を変えて、これら「武」の権力を生みだした社会階層の流動化に注目しますと、逆に高麗のほうがはるかに深刻でした。

一一七三年の癸巳の乱で李義旼は前王毅宗を殺しましたが、武人の政府は罰するどころか大将軍に昇進させました。義旼は一一八四年に権力をにぎり、崔忠献に敗れるまで一三年間も権力の座にありましたが、その出自は、父は塩や篩《ふるい》を売る商人、母は寺の婢《ひ》であったといわれています。良人《りょうじん》と奴婢《ぬひ》のあいだに生まれた子は奴婢身分とするのが当時の慣習でしたから、義旼は奴婢身分だったはずです。

崔忠献は良人身分とはいえ、一介の上将軍のむすこにすぎません。それが高麗王の姓「王」を賜るまでのぼりつめ、一二三一年に崔怡《チェイ》の妻鄭《チヨン》氏が死んだときには、国王高宗は順徳王后の例にしたがって葬儀を行うよう命じました。王族・大臣ら国家のトップレベルの人びとが競ってお供えをし、鄭氏には「卞《べん》韓国大夫人」の号と「敬恵」の諱《いみな》が贈られました。

義旼といい崔氏といい、武人の首長となることについて、血の尊卑はほとんど問題になっていません。

本章の最初に紹介した万積らの「将相寧《な》んぞ種あらんや」ということばこそ、尊卑の観念の動揺を雄弁に物語っています。文人に抑圧された武人の反逆は、もっとも賤しい身分にまで解放の期待をあたえました。そして賤民たちは、権力の座についた武人をものりこえて、良賤の差別のない社会をめざすにいたったのです。

同時期の日本を揺るがした源平の内乱は、たしかに広範囲な社会をまきこむ大動乱でしたが、非人や下人が身分的解放を賭けて内乱に自己を投じるようなことは見られません。幕府権力の成立は、尊卑の観念の動揺をもたらすことはなく、武家の棟梁に頼朝のような「貴種」が求められたことからもわかるように、むしろその観念を前提としていました。

だからこそ、「血」の相承《そうしょう》に裏づけられながら国家的統合を体現する天皇の役割は、自立的権力の地域的分立という事態にもかかわらず、温存されていくのです。

日本史と朝鮮史の分岐点

高麗では、一二五八年に崔氏が滅んだあと、金・林両氏が武人として政権を担当しますが、一二七〇年にいたって文人勢力につぶされ、文人優位の伝統型国家が復活をみました。一四世紀の末に高麗王に代わった李成桂の権力は、さきにふれたように「武人政権」とよびうる内容をもっていましたが、成桂が即位して朝鮮王朝を開くと、文人の絶対的優位のもとで文(東)・武(西)両班《ヤンバン》が国家の官僚を構成する体制を採用します。朝鮮の社会意識の重要な要素となった「両班」がここに登場することになりました。

他方日本では、幕府という武人の権力体の生命力は、驚くほど強いものでした。後醍醐天皇の「公家一統《くげいっとう》」の政権も、その革命のあざやかな成功にもかかわらず、わずか二年ほどしか保ちませんでした。代わって登場したのが、多くの点で鎌倉幕府と共通点をもつ室町幕府です。

一六世紀の末には、あらたな生産力と軍事力を背景に、戦国大名の割拠状態を克服して「天下人」が登場しましたが、落ち着いたさきは、徳川家康が征夷大将軍となって幕府を開くという形でした。徳川幕府は二世紀半もつづき、明治変革によってようやく長い生命を終えることになります。

すでにのべたように、一二世紀末に日本と高麗であいついで生まれたふたつの武人権力は、多くの共通点をもっていました。それがかくも対照的な運命をたどった最大の要因は、一三世紀の東アジアに突然あらわれたモンゴル帝国の軍事的脅威にあります。

モンゴルの高麗侵略は、一二三一年にはじまり、約三〇年間に高麗全土を荒廃の極におとしいれました。崔氏の政権が四代で滅びたのも、反モンゴル戦争に疲れはてたことがおもな原因でした。

崔氏が滅亡して二年後の一二六〇年、高麗王元宗はモンゴル皇帝フビライと従属的な講和条約を結びます。崔氏のあとを受けた金・林両氏の武人権力も、モンゴルとつながる王室と文人勢力のまえにしだいに衰え、ついに一二七〇年、林惟茂が文人に殺されて、約一世紀つづいた武人政権時代は終わります。

ところで、一二五八年の崔氏滅亡にさいして、高宗はモンゴルにこう言明しました。

本国が貴国にこれまで事大の誠を尽くせなかった理由は、権臣が政治をわがものとし、貴国への内属を好まなかったゆえであります。いま崔竩はすでに死にましたので、ただちに島を出て都を開京にもどし、貴国の命を聞きたく存じます。

武人政権は反侵略戦争の指導者であり、その滅亡は高麗のモンゴルへの屈服に直結しました。武人政権は、王や文人勢力よりは、モンゴルによって滅亡を余儀なくされたのです。幕府が政治の中心となっていった日本の歴史過程との分岐点がここにあります。

幕府権力の特質

それでは鎌倉幕府の滅亡は、高麗武人政権との対比において、どのように性格づけられるでしょうか。

承久の乱以降、幕府の実権をにぎったのは執権《しっけん》北条氏です。社会階層の流動化はここにも認められますが、北条権力のユニークさは、頼朝以上の「貴種」を幕府の形式上の首長にすえた点にあります。

実朝の死によって頼朝直系の血筋が絶えたとき、北条氏は摂関家《せっかんけ》から頼経を鎌倉殿に迎え、さらに一二五二年には、ときの天皇の兄である宗尊《むねたか》親王を戴くという政策をとりました。「皇族将軍」は幕府滅亡まで存続します。これは天皇を頂点とする尊卑の観念を前提とするものでした。

中期以降の北条権力は、家督の「得宗《とくそう》」を中心に苛烈な専制をふるうようになりますが、得宗の実力にみあう幕府内での地位は、ほんらい将軍以外にはありえなかったはずです。しかし武士たちを強固にとらえていた尊卑の観念は、得宗が将軍になることを許しませんでした。得宗専制は、この制約のなかで強引に権力の集中をはかったことの必然的な結果でした。それゆえ、支配される御家人側に、その支配の正当性を納得させるのはきわめて困難でした。

よくいわれるように、元寇という日本史上まれにみる対外戦争が、幕府体制の専制化に拍車をかけ、御家人層の不満を鬱積させることになって、幕府滅亡の遠因となったことは事実です。しかしその因果関係は、高麗武人政権の場合ほど直接的ではありません。幕府は滅んでも「幕府的な権力編成」は残ったのですから。

むしろ、後醍醐天皇を中心とする反幕運動が、さほど綿密とも思えない戦略にもかかわらずみごとな成功をおさめた原因は、毛並みのよくない北条氏に支配されることにたいする、武士たちの反感でした。後醍醐の子護良《もりよし》親王が諸国の寺社や武士に反幕の決起をよびかけたつぎのようなアピールは、得宗権力のアキレス腱をみごとに射当てていたといえるでしょう。

伊豆国在庁北条四郎時政九代の後胤、高時《たかとき》相模入道（最後の北条得宗）一族の東夷等、承久以来、四海を掌《たなごころ》に採り、聖朝を蔑如《べつじょ》し奉り、国を乱すの条、下極上《げこくじょう》の至り、奇《き》恠《かい》……

そして、優柔不断なうえに権力への執着が弱く、とても政治家むきの性格とはいえない足利尊氏《あしかがたかうじ》を、幕府の再興者へと押し上げていった力も、おなじ源から発しています。すなわち、「源家《げんけ》の棟梁《とうりょう》」の資格をもつ尊氏の「貴種」性にたいする、周囲の期待です。

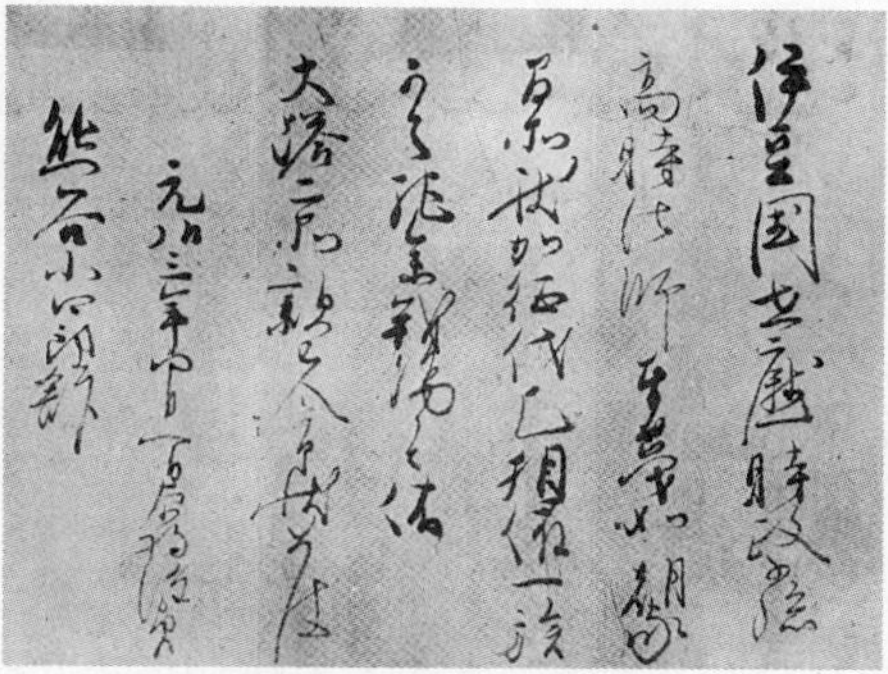
護良親王令旨《りょうじ》。『熊谷文書』（個人蔵）

しばしば幕府は、天皇や朝廷に対立してそれを克服する存在のように考えられていますが、これは誤解です。幕府の存続が天皇を頂点とする身分秩序を不可欠の前提としていたことを忘れてはなりません。

幕府という権力編成が長寿を保った秘訣は、強大な武力をにぎっていたことだけではありません。幕府と朝廷はたがいにたがいを必要とし、幕府は武力、朝廷は権威を提供することで、それなりに安定した国家体制を構築していました。こうしたもたれあいこそ、古代以来の日本の王家である天皇家が、世界史上まれにみる長寿を保ちえた理由です。

明治維新で朝敵の名のもとに打倒された幕府的権力編成こそ、天皇・朝廷を生き延びさせた真の功労者だったのです。

第四章　アジアの元寇
——一国史的視点と世界史的視点

モンゴルの軍船。『蒙古襲来絵詞』（宮内庁三の丸尚蔵館蔵）

常識的元寇論のゆがみ

日本史上「元寇」の名でよばれる一三世紀後半の戦争は、ふつう、こう考えられています。――モンゴル族の元と高麗が連合して日本へ攻め寄せたが、鎌倉武士の勇敢な迎撃と〝神風〟とがあいまって、未曾有の侵略から日本を守りぬいた、と。

こうした見方は社会の底辺にまでひろがっているようです。「蒙古《むくり》・高句麗《こくり》」という文句が、〈得体の知れぬ恐ろしいモノ〉という意味でこどもを脅すのに使われましたし、近代日本の朝鮮支配を元寇への報復として意義づける言説もありました。こうした元寇論は、近代日本の差別的な朝鮮観を歴史的に裏づける機能をはたしてきました。

そこには、「日本国」のサイドだけからものを見ているという一国史的視野のせまさがあり、そのために世界史的連関が見えにくくなっています。なるほど、日本史に限定すれば、元寇の影響は大きくかつ深いものでした。それ自体は重要な研究課題です。しかしユーラシア規模で見れば、元寇などとるにたりない小事件でしかなかったともいえるのです。

まずモンゴルとひとしなみの敵とされた高麗について考えてみましょう。高麗は、元寇より四〇年以上も前から、全土をモンゴル軍のひづめに蹂躙されつつ、三〇年間も抵抗をつづけました。高麗もまたモンゴルの侵略をこうむった仲間だったことを忘れてはなりません。元寇に高麗が協力させられたのは、侵略で国力が疲れきって、王室がモンゴルに屈服を余儀なくされたあげくだったのです。

さらに、モンゴルの未曾有の膨張が全ユーラシアをひとつの巨大な渦のなかに巻きこんだ結果、東のはての列島さえも、はるかな遠隔地と密接な連関のもとに置かれることになりました。マルコ・ポーロの『東方見聞録』はこのようなモンゴル帝国の世界史的役割を生き生きと描いています。

また、モンゴルが九州で味わった軍事的失敗は、延びきった戦線の先端部ではふつうに見られた光景でした。かの〝神風〟でさえも、日本でだけ吹いたわけではありません。

そして、モンゴルの侵略をこうむった国々や諸地域は、おそかれ早かれ、どこでも侵略をはねかえしました。そのさい、隣接する国や地域のあいだに、連帯の可能性が生まれました。これは歴史家の空想ではありません。じっさいに連帯が成立した例が、ありますし、日本がそうしたよびかけの対象となったことさえあったのです。

この章では、東アジアを中心としつつも、できるだけ世界史的視野に立ってアジア各地の元寇をとらえ、そのなかに日本における文永《ぶんえい》・弘安《こうあん》両役《えき》や、その後の政治過程・思想状況を位置づけてみたいと思います。

一世紀半の元寇

日本への元寇でモンゴル兵が日本の土を踏んだのは、ほんのわずかな時間にしかすぎません。では高麗への元寇はどれくらいつづいたのでしょうか。最大値をとれば、それは一二一九年から一三六八年まで、なんと一世紀半にもおよびます。

一二一六年以来、高麗の北辺に侵入をくり返していた契丹《きったん》人が、一二一九年、高麗軍に追いつめられて、平安南道《ピョンアンナムド》の江東城《カンドンソン》にたてこもりました。そこにチンギス配下のカジンとジャラの率いるモンゴル軍があらわれ、高麗にたいして「一緒に契丹人を攻めて、勝利したらモンゴルと高麗は兄弟国になろう」といいました。高麗はためらいつつもこの提案を受け入れ、江東城は陥落します。しかしまもなくモンゴルの使者がつぎつぎに高麗を訪れ、莫大な貢ぎ物を要求するようになります。

こうして高麗の反モンゴル感情が高まっていた一二二五年、モンゴルの使者が高麗からの帰途、鴨緑江のほとりで何者かに殺されるという事件がおきます。犯人は不明でしたが、モンゴルは高麗の責任だときめつけ、断交という措置に出ます。しかしこのころ、チンギスは西方作戦を遂行中で、しばらくは何事もなくすぎました。しかし一二二七年にチンギスが死に、二九年にオゴテイがチンギスの跡を継ぐと、モンゴルは高麗に標的を定めます。

一二三一年、使者殺害事件の問責を理由にモンゴル軍が高麗へ侵入、西北部を蹂躙したあと、首都開京を包囲します。翌年、高麗政府のリーダーシップをにぎる武人の首長崔瑀《チェウ》（崔忠献《チュンホン》の子）は、王室をほど近い江華島《カンファド》に移して、抵抗の姿勢を鮮明にします。以後約三〇年つづくモンゴル軍の高麗侵略については、項をあらためてふれることにします。

一二六〇年、高麗はついにモンゴルにたいして従属的な講和を結びます。ようやく高麗を屈服させたモンゴルは、つぎの標的を日本に定め、高麗を日本遠征の出撃基地にしようとします。

弘安の役直前の一二八〇年、モンゴルは日本遠征の実行を目的とする官庁として、「征東行中書省《せいとうこうちゅうしょしょう》」を開京に設置します（略して征東行省ともいいます）。長官には高麗国王がなりましたが、副官にはモンゴル人がつき、高麗の内政にもしばしば干渉しました。

三度目の日本遠征計画がくりかえし挫折し、その現実味がうすれてきても、征東行省は廃止されませんでした。むしろ高麗を植民地的に支配するための機関としての性格を強め、一三六八年にモンゴルが明に滅ぼされるまで存続しました。

このように、高麗の苦しみの大きな原因が「征東」、すなわちモンゴルの日本征討のもくろみにあったことは明白です。また、あとでくわしくみるように、高麗のねばり強い抵抗がなかったら、日本の被害はあの程度ではすまなかったにちがいありません。

ところが戦前の研究の多くは、高麗をモンゴルに荷担した憎むべき敵だとして、排外意識をあおりました。高麗が、倭寇の本拠である日本をたたくために、積極的にモンゴルを引きこんだのだ、とする説さえ唱えられました。自国の利害得失しかみない偏狭な視野が、朝鮮にたいする支配者意識と結びついたとき、これほどまでに歴史像をゆがめてしまうのです。

六次にわたる侵入

一二三一年から五九年まで、三〇年近くにもおよぶモンゴル軍の高麗侵略は、おおよそ六つの波に分けることができます。

一二三一年の第一次侵入では、サルタク率いるモンゴル兵が平安道・黄海道《ファンヘド》を荒らし、開京を包囲するいっぽうで、忠清道《チュンチョンド》の清州《チョンジュ》まで南下しました。高麗はやむなく、莫大な贈物と西北部へのダルガチ七二名の設置とひきかえに和議を結びます。ダルガチというのは、モンゴルが占領地に置くのを常とした民政監察官で、その横暴は高麗以外の各地域でもしばしば紛争の種となりました。

サルタクは一二三二年はじめにいったん撤兵しましたが、武人政権の長崔瑀が、ダルガチの横暴に怒って、王室を江華島に移し、人民を山や島に避難させると、開京に都をもどすこと（これを「出陸《しゆつりく》」とよんでいます）を要求して、ふたたび侵入してきました。
この第二次侵入では、慶尚道《キョンサンド》大邱《テグ》の符仁寺《プインサ》にあった大蔵経（仏教経典の全集）の版木が焼失しました。この大蔵経板は、護国仏教を信奉する高麗が、一一世紀に契丹人撃退の祈りをこめて刻造したものです。しかし高麗側の抵抗も熾烈で、京畿道《キョンギド》処仁城《チョインソン》の戦いでサルタクが戦死し、主将を失ったモンゴル軍はひきあげざるをえませんでした。

一二三四年、モンゴルは華北にあった女真《じょしん》人の王朝金《きん》を滅ぼし、南宋と直接対峙するようになります。その勢いをかって、翌年よりタング率いるモンゴル軍が第三次高麗侵入を開始しました。一二三九年までの五年間、江華島の武人政府を相手にせず、朝鮮半島南辺をふくむ全土を荒らし回って、人民の疲弊をねらう作戦をとりました。

一二三八年、高麗はモンゴルに休戦を乞い、王を入朝させよというモンゴルの要求にたいして、翌年王族佺《チョン》を入朝させました。いっぽうで一二三六年から大蔵経板の再刻事業をはじめ、一五年かかって完成させます。八万枚をこえる版木は、のち江華島から慶尚道の海印寺《ヘインサ》に移され、現在、版木を収める経板閣ともども、韓国の国宝に指定されています。

一二四一年にオゴテイが死に、後継者が決まらないまま皇后デレゲネによる統治が五年つづきました。四六年にようやくオゴテイの子グユクが即位すると、翌年冬にアムカン率いるモンゴル軍が高麗に侵入します。第四次の侵入です。しかし一二四八年一月にグユクが急死して、侵略は中止されます。またも皇位継承の争いがおこり、皇后オグルガイミシの統治が、五一年にオゴテイの甥のマングが即位するまでつづきます。このようにモンゴルでは皇位継承の原則が確立しておらず、

海印寺の八万大蔵経（『週刊朝日百科日本の歴史』中世Ⅰ-⑨より）

マングとその家族。『ラシード集史』挿絵
（集英社『図説日本の歴史』６より）

跡目争いが行われているあいだは、高麗は一息つくことができたのです。

一二五三年夏、エグひきいるモンゴル軍が第五次の高麗侵入をはじめます。モンゴルが「出陸」と「親朝《しんちょう》（王みずからがモンゴルにおもむくこと）」を要求したのにたいして、高麗は国王高宗が江華島を出てモンゴルの使者を迎え、また第二王子を入朝させましたので、五四年一月にモンゴル軍は撤退しました。王子の入朝は、王室が武人政府の手許を抜け出してモンゴルと連携するさきがけとなりました。

この年七月、真の出陸が実行されないことを責める名目で、ジャラルタイ率いるモンゴル軍が高麗に侵入します。この第六次侵入は六年もつづき、小休止の時期をはさんで四つの波がありました。

一二五四年の第一波では、二〇万六八〇〇余人の高麗人が捕虜となり、殺された者は数えきれず、「（モンゴル軍が）経る所の州郡みな灰燼《かいじん》となる」「骸骨野を蔽《おお》う」という惨状を呈しました。

一二五七年の第三波の翌年、高麗でクーデタがおこり、四代つづいた崔氏政権が滅びます。その後も実権は金俊《キムジュン》ら武人がにぎりましたが、高麗の抵抗力の衰退は覆うべくもありませんでした。

クーデタの直後からはじまった第四波は、平安道—開京—半島南部に展開する主力と、東北部の咸鏡道《ハムギョンド》から江原道《カンウォンド》を侵す別部隊とに分かれて作戦を展開しました。後者では高麗の土豪がモンゴル軍に投降する動きがあり、これにおうじてモンゴルは、和州《ファジュ》（今の永興《ヨンフン》）に「双城総管府《そうじょうそうかんふ》」を置き、周辺を自国の領土に編入しました。一二五九年四月、高麗は太子倎《チョン》をモンゴルに入朝させます。

このようにモンゴルの侵略は、高麗人に塗炭の苦しみをなめさせ、武人政権を成熟のいとまもあたえず押しつぶしてしまいましたが、他方で社会の流動化を加速し、結果として民族的な統合を飛躍的に前進させました。

反侵略の戦争をもっとも勇敢に戦ったのは賤民たちです。一二三二年の忠州《チュンジュ》攻防戦で、両班別抄《ヤンバンべつしょう》がいちはやく逃亡したのにたいして、奴軍雑類別抄《どぐんざつるい》は奮戦してモンゴル兵を退けました。五三年にはおなじ忠州の守将金允侯《キムユンフ》が、奮闘した軍士には貴賤なく官職をあたえることを約束し、官奴の簿籍を焼き捨てました。隷属身分からの解放への期待こそ、反侵略のエネルギーの熱源だったのです。

モンゴルの対宋戦略と日本招諭

一二六〇年、モンゴルではマングの弟フビライが、高麗では高宗の子元宗が即位し、高麗はモンゴルと講和条約を結びます。モンゴルの示した条件は、①モンゴルはむやみに使者を送らず、駐留軍とダルガチをひきあげる、②モンゴルは高麗人の捕虜・逃亡者を返還する、③開京への還都は力を計って行う（つまり今すぐでなくともよい）、の三つで、きわめて融和的なものでした。ともあれ高麗との長年の戦争状態が解消したことは、モンゴルのアジア戦略を大きく転換させます。

一二六一年、モンゴルは、送った使者が帰ってこないことを理由に、南宋に宣戦を布告します。同年、ベトナム国王を臣下として冊封《さくほう》し、翌年ベトナムにダルガチを置きました。六四年、フビライは内戦に勝利して対抗馬の同母弟アリク・ブガを降伏させます。同年、元宗が高麗王としてはじめてモンゴルに親朝します。さらに六六年より、モンゴルは日本へ使者を送って自己の陣営に引きこむ計画に着手しました。これを「日本招諭《しょうゆ》」と呼んでいます。

これら一連のできごとは、南宋に照準を定め、これを北および東西から包囲するという綿密な戦略にもとづくものでした。そして一二六八年、モンゴル軍は長江の支流漢水に臨む湖北省の要害の地、襄陽《じょうよう》を包囲しました。ここを南宋が守りぬくか、モンゴルが陥落させるかに、戦争全体のゆくえを決めてしまうほどの重みがかかることになります。

フビライ像（台北・故宮博物院蔵）

日本招諭の趣旨は、和好を結んで親睦しようというやわらかいものでしたが、「兵を用うるに至りては、それたれか好む所ならん」という脅し文句も忘れていません。

フビライは、使者を日本へ導くよう高麗に

命じ、使者の黒的《こくてき》には「風濤《ふうとう》の険阻《けんそ》をもって辞（いいわけ）となすなかれ」とクギを刺していました。

黒的は朝鮮半島南辺の巨済島《コジェド》に至りましたが、「遥かに対馬島を望むに、大洋万里、風濤天を蹴るを見」、意気阻喪して引き返しました。モンゴルと日本が戦争になることを望まない高麗の宰相李蔵用《イジャンヨン》が、黒的と示し合わせて打った大芝居でしたが、フビライは激怒して、今度は高麗の責任で日本と交渉せよと命じます。

高麗使潘阜《パンブ》は一二六八年に大宰府に到着し、ここではじめて日本はモンゴルの意図を知りました。三回目の使者は対馬まで行って引き返しました。四回目は、国書を日本側にわたすことには成功しましたが、朝廷が出そうとした返書を幕府がにぎりつぶしてしまいます。七一年に来た五回目の使者が有名な趙良弼《チヨリヤンピル》で、今度も朝廷は返書を送る決定をしましたが、またも幕府の反対でとりやめになりました。

以上のような交渉が、高麗を介してモンゴル・日本間で行われていた一二七〇年、高麗の国内情勢が大きく動きます。

この年一月、モンゴルと境を接する高麗西北部の有力土豪崔坦《チエダン》らが、高麗政府に反逆してモンゴルに投じ、さっそくモンゴルは崔坦らの勢力範囲に「東寧府《とうねいふ》」を設置して、自己の領土に編入しました。

五月、江華島で出陸派の文人勢力によるクーデタが発生し、武人の長林惟茂《イムユム》が殺されて、高麗武人政権は滅亡します。元宗はさっそく開京への還都を決定し、三別抄の名簿を取り上げようとしました。三別抄というのは武人政権下の軍事力の中核をなす軍隊で、はじめは国内の盗賊追捕《ついぶ》を任としていましたが、やがてモンゴルへの抵抗の主力部隊となっていたものです。

六月、三別抄は元宗の行為に反発して蜂起し、江華島にたてこもります。

一一月、モンゴルは高麗に屯田経略司《とんでんけいりやくし》を設置して、翌年三月から屯田をはじめました。屯田からの生産物で進駐モンゴル軍を維持するこの制度は、もちろん高麗にとって大きな負担になりました。

そして一二月、趙良弼が日本国信使に任命され、翌年初頭に開京にやってきます。

三別抄の反乱と文永の役

一二七〇年六月の蜂起にさいして、三別抄は府庫を略奪して図籍を焼きました。図籍には賤籍もふくまれていたでしょうから、この行為には賤身分を解放する意図がうかがわれます。これと密接に関連しあいながら生まれてきたのが、強烈な民族意識です。「蒙古兵大いに至り、人民を殺戮す、およそ国を輔《たす》けんと欲する者は、みな毬庭《きゅうてぃ》に会せ」という三別抄の檄は、それを集約的に表現しています。

さらに三別抄は、武人政権の遺志を継いで、独自に王を立て、国家機構を組織しました。モンゴルに屈服した元宗を王とは認めず、〈王―武人の首長〉という武人政権の再建をはかったのです。それゆえ高麗武人政権の命脈は、三別抄の敗北によってはじめて、完全に断たれたといえます。

三別抄は、蜂起後すぐに一〇〇〇余艘の船に乗って南下し、全羅南道《チョルラナムド》の珍島《チンド》に根拠地を定めました。翌一二七一年のはじめ、その勢力は隆盛をきわめ、高麗本土で呼応する蜂起があいついでおきました。反乱軍は全羅道をほぼ制圧したうえ、慶尚道の南岸をも陥れました。

ところが、首領裴仲孫《ペジュンソン》がモンゴルと結んで全羅道を確保する路線をとったために内紛がおこり、五月にはモンゴル・高麗連合軍によって珍島が陥落します。残党は金通《キムトン》精《ジョン》に率いられて、さらに南方海中の済州島《チェジュド》に逃げこみました。

珍島の敗北で反モンゴル色をより鮮明にした三別抄は、七二年三月以降、慶尚道から京畿道にいたる広範な海域に出没して、ゲリラ的な海賊行為を展開しました。しかし珍島時代のような本土で呼応する動きはなく、七三年四月、モンゴル軍、金の旧民で構成される漢軍、高麗軍あわせて一万余の総攻撃を受けて、済州城が陥落、ここにあしかけ四年におよんだ反乱は終息します。済州島はモンゴルの直轄領とされ、軍馬の牧場として利用されました。

元《げん》――モンゴルは一二七一年一一月に国号を「元」としました――が日本征討を実行に移したのは、一二七四年一〇月のことでした。文永の役です。三別抄の反乱が元の対日本作戦を大幅におくらせ、また征討軍を疲れさせて日本に向かう勢いを弱めたことはまちがいありません。

でも、もっと注目されるのは、一二七一年三～四月ころ、三別抄が珍島から日本に使者を送り、援軍と兵糧を求めた事実です。三〇年あまりまえに発見されたある古文書には、つぎのように記されています。

高麗牒状《ちょうじょう》不審の条々

①一、以前の状文永五年、蒙古の徳を揚げ、今度の状文永八年、韋毳《いせい》は遠慮無しと云々、如何《いかん》。
②一、文永五年の状は年号を書くも、今度は年号を書かざる事。
③一、以前の状、蒙古の徳に帰し、君臣の礼を成すと云々。今の状、宅を江華に遷して四十年に近し、被髪左衽《ひはつさじん》は聖賢《せいけん》の悪《にく》む所なり、仍《より》て又珍島に遷都する事。
④一、今度の状、端には「不従成戦之思也」、奥には「為蒙被使」と云々。前後相違如何。
⑤一、漂風人《ひょうふうにん》護送の事。
⑥一、金海府に屯《とん》するの兵、先ず廿余人を日本国に送る事。
⑦一、我が本朝、三韓を統合する事。
⑧一、社稷《しゃしょく》を安寧して天時を待つ事。
⑨一、胡騎《こき》数万の兵を請うる事。
⑩一、兇旒《きょうりゅう》の許《こ》に達して寛宥《かんゆう》を垂るる事。
⑪一、贄《にえ》を奉る事。
⑫一、貴朝遣使問訊《もんじん》の事。

これは文永八（一二七一）年に到来した高麗からの牒状（「今度の状」）を、同五（一二六八）年到来の牒状（「以前の状」すなわち潘阜《パンプ》の持参したもの）とくらべて、不審に思われる点を列挙したメモです。後嵯峨院の評定の席で示された参考資料と推定されます。

③に一二三二年の江華島遷都と今度の珍島「遷都」が記されておりますから、「今度の状」は明らかに三別抄からのものです。珍島への移動を「遷都」と表現していることや、⑦⑧の表現からは、自分たちこそが天命を受けた正統な高麗政府であるという自己主張が読みとれます。

①の「韋毳」や③の「被髪左衽」は遊牧民族の風俗をさげすんだことばですし、②からは「今度の状」がモンゴルの年号「至元《しげん》」を使っていなかったことがわかります。また⑩⑪はモンゴルにすり寄った高麗旧政府を非難したものです。これらのあらわす反モンゴル意識は、「以前の状」がモンゴルの徳を称揚していたのと対照的でした。

さらに注目すべきは、⑤の漂流者護送や⑫の外交使節交換の提案にみられるように、三別抄が日本とのあいだに平等互恵の関係を結ぼうと考えていたことです。

じつはこの文書と関連する記述が、京都の貴族吉田経長《よしだつねなが》の日記『吉続記《きちぞくき》』文永八年九月の条にあります。そこで経長は三別抄の牒状を「蒙古兵日本に来り攻むべし、又糶《ちょう》（売り出し米）を乞う、此《こ》の外《ほか》救兵を乞うか」と要約しています。

高麗の正統政府を自任する三別抄が、兵糧と兵力の援助を日本にたいして求めたことは、国際的な連帯のもとにモンゴルの脅威に立ち向かおうというよびかけが、日本にたいしてなされたことを意味します。

しかし残念なことに、日本側がその重大な意味を理解した気配はありません。経長は、評定の席で牒状を読み上げた儒者たちを、「停滞なく読み申す」「日来稽古の名誉なし、人以て信用せず」などと評しています。評定は国家の外交政策決定の場というより、儒者たちが漢文読解の能力を競う場にすぎなかったのです。そのうえ経長が「状に就き了見区分《りょうけん》（解釈が分かれた）」と記しているように、牒状の文意を正確に読みとった人はいなかったようです。

そして日本側の反応は、幕府が「蒙古人が襲来するという情報があるので、九州に所領をもつ御家人はただちに下向《げこう》して、守護とともに異国の防禦《ぼうぎょ》にあたれ」という内向きの指示を出したことだけでした。

このころ幕府内部は不穏な空気にみちていました。はたして一二七二年二月、鎌倉で北条一族の名越時章《なごえときあき》・教時《のりとき》兄弟が殺され、京都でも六波羅探題《ろくはらたんだい》南方の北条時輔《ときすけ》が時宗《ときむね》の命で討たれました（時輔は時宗の庶兄《しょけい》）。「二月騒動」とよばれるこの事件のあおりで、元にたいする幕府の軍事的対応は大きくおくれをとりました。事件直後にようやく、九州の武士を動員して博多湾岸を警備する異国警固番役がはじめられます。

文永一一（一二七四）年一〇月五日、元軍・高麗軍あわせて三万数千人が、対馬の西海岸に姿をあらわしました。元軍は対馬の防衛隊を破り、壱岐をひとのみにして、同二〇日未明、博多湾岸に上陸をはじめました。見慣れない武器や組織だった集団戦法に日本軍は苦戦を強いられ、大宰府に退却を余儀なくされます。しかしこの夜、元軍は全員博多湾上の船にひきあげ、夜半吹き募った暴風にあっさりと退却してしまいます。これが日本の経験した第一回の元寇、すなわち文永の役のすべてです。

南宋の滅亡と弘安の役

三別抄滅亡に先立つこと二カ月の一二七三年二月、六年ものつばぜり合いのすえに、

福岡市西区今津の元寇防塁（集英社『図説日本の歴史』６より）

襄陽《じょうよう》が元軍の手におちました。勢いに乗った元軍は、漢水・長江を馳せ下り、七六年一月には南宋の首都臨安《りんあん》を攻略、七九年二月、宋の皇室を広東の海に追い落とします。

　これ以前、元のすべての戦略は南宋を滅ぼすことに集中していました。目標が達成されたいま、状況は一変しました。〝天下の穀倉〟と称された江南の豊かな経済力と厖大な人口を背景に、戦線をいっきに拡大する条件が生まれたのです。

　一二七五年四月、また元の使者が日本に来ました。九月、幕府は鎌倉の龍口《たつのくち》で使者の首をはね、日本国内は緊張につつまれました。一一月、北条一門の金沢実政《かねさわさねまさ》が、豊前守護実時《さねとき》（実政の父）の代理として九州に下りました。このとき、西国沿海諸国の守護が大幅にすげ替えられ、新任の守護はみずから軍勢をひきいて任地へ向かいました。またこれに呼応する首都防衛策として、六波羅探題のスタッフが強化されました。

さらに幕府は、翌七六年三月を期して高麗へ遠征軍を送ることとし、九州の武士に動員令を発しました。当時これを「異国征伐」とよびました。けれどもおなじ三月には、博多湾岸に石築地《いしついじ》（元寇防塁《げんこうぼうるい》）を築く工事がはじまり、「異国征伐」のほうはたち消えになってしまいます。

造営当初の石築地。『蒙古襲来絵詞《えことば》』より（宮内庁三の丸尚蔵館蔵）。

臨安の陥落が日本に伝わったのは一二七七年六月のことでした。七九年七月、前月に来日した元使をふたたび処刑したことによって、再度の来襲は時間の問題となりました。

日本で「弘安の役」とよばれる元の第二次日本征討は、第一次よりはるかに規模の大きいものです。モンゴル人・朝鮮人からなり、高麗を基地とする東路《とうろ》軍《ぐん》が四万にたいして、おもに中国人からなり、江南《こうなん》を基地とする江南軍は十万を数えました。

一二八一年五月に出征した東路軍は、対馬・壱岐を侵して、六月六日博多湾にあらわれました。陸

鷹島沖の掃討戦。『蒙古襲来絵詞』より（宮内庁三の丸尚蔵館蔵）

上・海上での戦闘は一週間つづきましたが、石築地の完成もあって、日本軍の抵抗は思いのほか手ごわいものでした。上陸をあきらめた東路軍は、壱岐に退いて江南軍の到着を待ちますが、その到着は期日を大幅にすぎて六月も末になりました。

肥前平戸付近の海上に集結した四四〇〇艘・一四万人の大軍は、一カ月ほど休養をとったあと、七月二七日に伊万里《いまり》湾の入口にある鷹島を占領しました。

三〇日から強くなった風は、翌閏《うるう》七月一日、大船団を木の葉のようにほんろう、船は破れ兵は溺れました。勢いに乗った日本軍は、鷹島周辺で大掃討戦を展開し、溺死をまぬがれた兵を殺し、また捕えました。

「満ち潮に運ばれてきた屍《しかばね》が浦を塞ぎ、水面を歩いて行けるほどだった」と『高麗史』は書いています。生還者は三万数千にすぎませんでした。二度の失敗後もフビライは日本をあきらめません。三度目の征討計画がくりかえし立てられましたが、江南の反政府蜂起やインドシナ方面の戦況悪化によって、そのつど流産してしまいます。一二七八年からは、帝室内の主導権争いに起因する大規模な内乱が五年もつづき、日本遠征どころではありませんでした。

一二九二年、フビライはひさしぶりに日本征討を決意し、高麗の忠烈王《ちゆうれつおう》も積極的な協力を申し出ました。元の地方役人が日本商船に託した牒状と、高麗使のたずさえた牒状が、あいついでフビライの意図を日本に伝えます。

これを受けた幕府は、北条兼時《かねとき》・名越時家《ときいえ》の二人を「異国打手《うって》大将軍」に指名し、彼らは翌年以降九州全域にわたって軍事指揮権と一定の聴訴権《ちようそけん》を行使しました。これが鎮西探題《ちんぜいたんだい》のはじまりです。

ところが一二九四年一月にフビライが死に、日本遠征も水の泡となりました。九六年、鎮西探題に御家人訴訟の確定判決権があたえられました。外圧への対応として出発した鎮西探題は、こうして北条権力の九州支配をささえる強力な機関になっていきます。

アジアのなかの蒙古襲来

南宋滅亡後の元の世界戦略において、日本は、インドシナ方面とならぶあらたな標的に〝昇格〟しました。日本と東南アジアとは、直接認識しあっていたわけではありませんが、客観的には、元の世界戦略によって相互にかたく結びつけられていました。たとえば、南宋滅亡のわずか五カ月後、元は「日本および交趾《コーチ》（ベトナム）を征する戦船」を造らせています。翌一二八〇年、元は日本征討のための機関として、高麗に征東行省を置きましたが、同時にビルマのミェン国（パガン朝）への攻撃を開始しました。ミェン国は一二八七年にとうとう元軍によって滅ぼされてしまいます。

第二次日本征討の行われた一二八一年、ベトナムでは元がみずからのカイライを国王に就けています。三度目の日本征討計画をくりかえし挫折させたのは、先述のように、江南の反政府蜂起でありインドシナ方面の戦況の泥沼化でした。一二八六年、チャンパ（ベトナム南部にあった王国）・ベトナム・広東の窮状を聞いたフビライが、日本征討の中止を発表したとき、江南の人びとは雷のような歓声をあげたと伝えられています。

一二八二年、チャンパが元に反抗しました。元はこれを討とうとしてベトナムに協力を求めましたが、拒否されました。元はいったんはチャンパの都ヴィジャヤの占領に成功しますが、八四年、チャンパに送った援軍一万五千・船二〇〇艘が、暴風にあって壊滅してしまいます。九二年のジャワ征討のときも、元の海軍は暴風で大被害をこうむっています。〝神風〟も日本でだけ吹いたわけではありません。

一二八四年、征チャンパ軍の崩壊を見たベトナムは、チャンパに二万の援軍を送ります。このためベトナムは元軍の侵入をこうむることになり、八五年一月には首都ハノイが元軍に占領されてしまいました。国王は都を捨てて逃亡しましたが、わずか三カ月後にはベトナム軍がハノイを奪い返しました。

この経緯のなかで注目すべきは、元への抵抗を目的として、ベトナム・チャンパ間に国際的な連帯が成立したことです。歴史的には、中国文化圏に属するベトナムとインド文化圏に属するチャンパとは、となりあいながらもしばしば深刻な対立をくりかえしてきました。元の脅威はそのような対立感情を克服させる力となったのです。東アジアでとなりあう日本と高麗にもよく似た条件がありながら、連帯が実現しなかったことは、さきほどみた通りです。

一二八七年にも、ふたたび元軍が一時ハノイを占領しましたが、手ひどい反撃にあって撤退の途中、バックダンジャン（白藤江）で決定的な敗北を喫してしまいます。これを最後に、元はベトナムに手出しできなくなりました。

このように、日本でもチャンパでもベトナムでもジャワでも、元軍は一時的に勝利しても、けっきょく戦果を維持することはできませんでした。補給路ののびきった前線、不得意な海戦（日本・チャンパ・ジャワの場合）、兵士の主力は戦意に乏しい南宋の降伏兵、という三拍子そろった悪条件のもとでは、元の敗北は必然だったといえます。

とはいっても、東南アジアの元寇が日本と同程度のものだったわけではありません。日本は、ベトナムのように国家存立のためにやむなく冊封を受け入れることも、チャンパやベトナムのように首都が元軍の手に落ちることもなく、ましてやミェン国のように国が元に滅ぼされることもありませんでした。弘安の役は、元軍の数が一四万人にものぼった点では最大規模の戦争でしたが、こうむった被害からみれば、日本は東南アジア諸国にくらべてはるかに軽微だったといわざるをえません。

神国思想と朝鮮蔑視観

蒙古襲来が日本史にのこした影響は、軍事面よりはむしろ思想面で大きかったといえるかもしれません。元軍の壊滅に大きな役割をはたした暴風雨は、当然のごとく神意のあらわれと解釈されました。「日本は神明の護り給う国であり、どんな外敵も侵すことはできない」とする神国思想は、第一章で述べたように、新羅人にたいする猜疑心と蔑視をともないつつ、九世紀ころには明瞭な姿をみせていました。

しかし蒙古襲来以降、その蔑視は相手を畜生視するほどに深まり、かつ広範な社会に浸透していきます。そのようすを、〝神功皇后《じんぐう》の三韓征伐《さんかんせいばつ》伝説〟を例にとって見てみましょう。

伝説の古いかたちを示す『日本書紀』神功皇后即位前紀では、三韓征伐の動機は財宝への欲望とされ、また皇后は新羅を屈服させて馬飼《うまかい》とした、と書かれています。すでに新羅をさげすむ意識はみられますが、他方で新羅を金銀の財宝に満ちた国とする

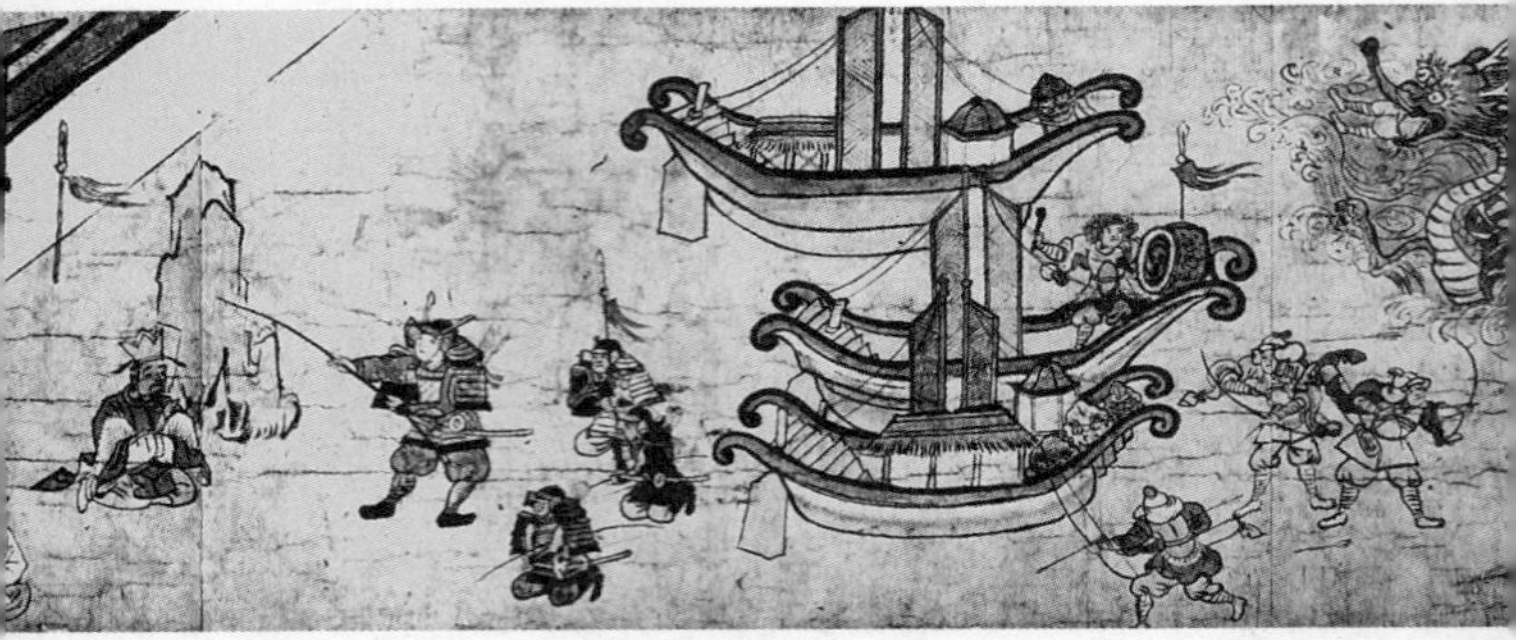

石に字を刻む神功皇后。『神功皇后縁起』（クリーブランド美術館蔵）

あこがれのまなざしをも、読みとることができます。

これが鎌倉末期の『八幡愚童訓《はちまんぐどうくん》』甲本《こうほん》になると、征伐の動機は仇討ちに変わり、三韓征伐の前段に新羅の日本侵攻が創作されます。そこには、蒙古襲来に加勢した高麗への恨みが反映しているとみてまちがいないでしょう。また馬飼の話は、皇后が弓のはずで石に「新羅国ノ大王ハ日本ノ犬也」と書きつけた、という話に変わります。馬飼は低い身分とはいえ人ですが、中世にはそれが犬畜生に転落したのです。

南北朝末期の『太平記』巻三十九「神功皇后攻新羅給事《しらぎをせめたまうこと》」では、話の筋は『愚童訓』と変わりありませんが、「三韓の夷《えびす》」という語があらたに登場し、その三韓は同時代の高麗と理解されております。

話の内容とともに見逃せないのは、『愚童訓』や『太平記』が、ひろい社会に享受された、民衆との距離が近い作品であったことです。とくに『愚童訓』にはたくさんの異本があり、それがたとえば愛媛県八幡浜市の八幡神社のような地方の神社にまで分布しています。また三韓征伐伝説をふくむこの本の前半部を、八幡神の縁起として独立させた作品が、絵巻物・奈良絵本・版本などのかたちで相当数残されています。

右の事実は、全国の八幡宮が八幡神の異国降伏の霊威をきわめて積極的に民衆に教化したことを想像させます。そうした活動のなかで、新羅王を犬とみるような露骨な蔑視観も、民衆のなかに浸透し定着させられていったことでしょう。

中世以来根を張ってきた朝鮮蔑視観は、近代の朝鮮植民地化の過程でいっそう増幅されることになります。こうした囚われた意識を払拭するためにも、元寇をアジア的、あるいは世界史的視野からとらえなおす試みは、意味があるといえるのではないでしょうか。

第五章 「日本国王」の成立——足利義満論

足利義満像（京都・鹿苑寺《ろくおんじ》蔵）

日本国王良懐

一三六八年一月、元朝末期の群雄割拠から抜け出した朱元璋《しゆげんしよう》が、南京で帝位につき（のち太祖《たいそ》という称号を贈られます）、国号を「明」とし、「洪武《こうぶ》」という年号を定め、モンゴルの帝室を大都《だいと》（いまの北京）から故郷モンゴリアへ追い払いました。太祖は革命が成就するとただちに四夷《しい》（周囲の異民族国家・諸勢力）に使者を派遣して、慶賀・服従の意思を表明する使者を送ってくるよう通告しました。

日本にたいしては、はやくも同年一一月に使者を送りましたが、九州のどこかで賊に殺されてしまいました。二度目の使者楊載《ようさい》は、一三六九年二月に出発して大宰府に至りましたが、大宰府を支配する「良懐《りようかい》」によってまたも一行七人のうち五人が殺され、楊載ほか一名が命からがら逃げ帰りました。

翌年三月、三度目の使者趙秩《ちようちつ》が楊載をともなって日本へおもむき、「良懐」を説得して明への使者を送らせることに成功しました。使者祖来《そらい》は一三七一年一〇月に南京に至り、「良懐」を「日本国王」に封ずる（任命する）太祖の詔書と、明の国定の暦《こよみ》である大統暦《だいとうれき》をもらって、帰国の途につきました——。

ここまで読んできて、「あれっ」と思われたのではありませんか。なんで大宰府の支配者にすぎない「良懐」が「日本国王」になったの？　だいたい「良懐」なんて聞いたことないけど、何もの？

これらの疑問に答えるには、当時の九州の情勢を知る必要があります。

当時の日本は南北朝内乱の末期にあたっています。全国的には南朝方はほとんど逼塞《ひっそく》状態で、室町幕府による平定戦争が終幕に近づいていましたが、九州だけは例外でした。

後醍醐天皇の皇子のひとり懐良親王《かねよししんのう》が、菊池氏らにかつがれて一三六一年に大宰府を奪取し、「征西将軍宮《せいせいしょうぐんのみや》」とよばれて、ほぼ九州全域を勢力範囲に収めていました。この政権を「征西府」といいます。征西府の絶頂期は一三六〇年代後半で、一三七一年といえばそれが傾きかけたころでした。明の記録にみえる「良懐」を懐良のこととみてまずまちがいないでしょう。

それでは明は、懐良を日本全体の支配者と誤認して、国王にしてしまったのでしょうか。使者が現地におもむいてのことですし、使者がわざといつわりの報告をする動機もありませんから、やはり明は九州の支配者と知りつつ、懐良を「日本国王」に封じたと考えざるをえません。

この謎を解く鍵は、一四世紀なかばから朝鮮半島や中国大陸の沿岸を荒らし回っていた「倭寇」にあります。

当時、元末の内乱で朱元璋のライバルだった方国珍《ほうこくちん》や張士誠《ちょうしせい》の残党が、倭寇にまじって海賊行為を働いていました。明は沿海の民がこれら海上勢力と連携することを警戒して、人民が私に海に出ることを禁じる海禁政策をとりました。つまり建国まもない明にとって、倭寇とは外からの脅威にとどまらず、国内問題でもあったのです。ここに、明がとりわけ日本との国交樹立を急いだ理由があります。

一三六九年に楊載が日本に持参した書面には、「書を修して特に正統の事を報じ、兼ねて倭兵海を越ゆるの由を諭《ゆ》す」という文章がありました。「正統の事」は太祖の即位を、「海を越える倭兵」は倭寇を指しています。

明が日本国王に求めたものは、明による中国支配の承認という一般的なこともありますが、倭寇の禁圧にこそ重点があったのです。当時の日本でその力を持っていたのは、幕府の将軍でも北朝の天皇でも南朝の天皇でもなく、大宰府に君臨して九州をおさえる懐良だけでした。

こうして一三七一年、明皇帝太祖が懐良を「日本国王」に封ずる「冊封」という関係が成立しました。これは形としては皇帝を君、国王を臣とする個人間の主従関係ですが、前近代東アジアの国際関係のなかでは、明と日本との間に正式の国交が成立したことを意味します。

では懐良が冊封を受け入れた動機はなんでしょうか。

彼は吉野の南朝から派遣されて大宰府にいたのですから、南朝の許しもなく明の冊封を受けることは、反逆とみなされてもしかたのない行為です。しかしこれはあまりにも形式にとらわれた見方です。懐良をかついだ九州の武士たちは、南朝への忠誠心に燃えてそうしたのではなく、幕府の支配系列から九州地域を離脱させることで自分たちの利益をはかったのだ、と私は解釈します。

懐良もそれにこたえる姿勢を示していました。畿内におもむいて南朝を救援する気配をいっこうにみせなかったことや、明への遣使と前後する一三七一~七二年に「征夷大将軍宮」と自称する文書を出していることなどが、その証拠です。

また冊封関係が成立すると、明と合法的に通交できる名義は被冊封国の王に限られるので、国王は対明貿易を独占的に管理できるようになります。九州の自立というもくろみにとって、この点も魅力的だったでしょう。

さらに懐良にはもっとさしせまった動機がありました。

九州の平定を最大の課題と位置づけた幕府は、その切り札として今川了俊《いまがわりようしゆん》を九州探題に起用します。了俊は一三七一年の二月一九日に軍勢を率いて京都を出発、五月一九日に安芸国沼田《ぬた》、九月二〇日に厳島、一〇月八日に長門国府と、ゆったりしたペースで九州に近づいていました。懐良が祖来を明に送り出したのは、祖来の南京到着が同年一〇月一四日だったことからみて、八~九月のことと思われます。

幕府軍への軍事的対応を迫られていた懐良は、冊封を受けることで明を軍事的なうしろ盾としようとしたのではないでしょうか。というのも、冊封関係が成立すると、明は被冊封国が他から侵略を受けたとき救援する義務を負うことになるからです。じっさい、翌年五月に今川了俊が懐良のもとにおもむく明使を博多で拘留した理由を、ある史料は「祖来が援軍を明に乞うたのではと疑ったからだ」と記しています。

「王権」の競合

しかし懐良の決断はおそきに失したようです。天才的な戦略家の了俊は、一三七一年の暮れに関門海峡をわたります。肥前呼子《よぶこ》に上陸した弟頼泰《よりやす》と連携をとりながら、早くも翌年四月には博多を占領して、大宰府をにらむ佐野山に布陣します。そして八月、大宰府を攻略して征西府を筑後高良山《こうらさん》へと走らせました。

懐良を日本国王に封ずる太祖の詔書をたずさえて、仲猷祖闡《ちゅうゆうそせん》・無逸克勤《むいつこくごん》という二人の使僧が博多に到来したのは、五月末のことでした。了俊はただちに使節を聖福寺《しょうふくじ》に拘留します。

こうして、了俊・幕府側は明が懐良を日本国王に認定したことをはじめて知り、明使側は征西府が大宰府を追われるのをまのあたりにしたのです。大宰府を失っては、懐良は九州の支配者ですらなく、倭寇をとりしまる力もありません。そこで明使は懐良あての詔書をこっそり処分して、幕府および北朝との交渉の道を探ります。一年ほど博多に留められたあと、一三七三年の六月末に上洛し、幕府と交渉して、八月末に将軍の使者を明に送らせることに成功します。

明皇帝が懐良を日本国王に封じたことを知った結果、幕府にとって九州の南朝方との戦いがもつ意味は一変したことでしょう。懐良の日本国王としての実質を完全に剝奪しないかぎり、相手が軍事援助を明からひきだす可能性は消えません。いまや九州をめぐる戦いは、一地域の争奪を超えて、日本国王の地位をめぐる争いに変わったのです。

足利義満《よしみつ》が室町幕府の第三代将軍に就任したのは、明の建国とおなじ一三六八年のことです。そして仲猷らは幕府がはじめて迎えた中国からの使者でした。

当時の幕府首脳には、対明外交に積極的な斯波《しば》義将《よしゆき》らと消極的な細川頼之《ほそかわよりゆき》らとの対立がありましたが、義満は積極派の意見を採用して、禅僧の聞渓円宣《もんけいえんせん》・子建浄業《しけんじょうごう》らを使者に立て、明使の帰国に同行させました。そのさい、倭寇の捕虜一五〇人を送還して、倭寇問題の解決能力をアピールしました。教科書には出てきませんが、これが室町幕府の最初の遣明使です。

一三七四年六月、遣明使一行は南京《ナンキン》にはいりました。しかし太祖は、彼らの持参した書面が「国臣の書」であって、国王が臣下として皇帝に奉る「表《ひょう》」でないことを理由に、日本からの正式の使者とは認めず、追い返しました。このときの太祖のことばに「さきごろ国王良懐が表を奉って来貢《らいこう》したので、朕《ちん》はこれを日本正君と認め、使者を遣わしてその意に答えさせた」とあります。

太祖は、帰還した仲猷らから、「日本の王は六十六州を統治しており、良懐は王族としてひそかに九州に拠り大宰府に都していたにすぎません」という報告を受けていたのですが、いったん成立した礼（外交）の秩序をかんたんには変更しませんでした。義満は北朝の天皇の臣下にすぎず、明皇帝から見れば陪臣であり、陪臣が礼を行うことは分を越えるものだったからです。

「越分行礼《えつぶんこうれい》」の排除は東アジア外交の大原則で、「人臣に外交なし」という決まり文句にもなっています。義満は一三八〇年にも「征夷将軍源義満《げんぎまん》」の名で使者を送りましたが、「ことばも意図も傲慢である」として、今度も受け入れてもらえませんでした。

他方この前後に、「日本国王良懐」の使者がしばしば明を訪れています。一三七六年には圭庭用《けいていよう》、七九年にも劉宗秩《りゅうそうちつ》が、「良懐」の表を奉って入貢《にゅうこう》し、ともに受け入れられました。圭庭用というのは、北朝の後円融《ごえんゆう》天皇の命で明に使節としておもむいた山城宝福寺の僧、廷用文珪《ていようもんけい》のことと考えられます。また劉宗秩に同行した通事の尤虔《ゆうけん》は、七四年に島津氏久《うじひさ》がつかわした使者のなかに名がみえます。

つまり、これらはいずれも懐良が主体的に送った使者ではありません。この場合「日本国王良懐」は、明との通交を可能にする名義として機能しています。そして形式さえ整っていれば、原則として明は受け入れました。この態度は、一三八六年に「良懐」が明朝転覆の陰謀に関与していたことが暴露され、太祖が対日断交に踏みきるまでつづきます。

「日本国王良懐」の名義が有効なあいだは義満の出番はありません。それどころか、この名義を使っていろんなライバルがあらわれる可能性があり、それが幕府にとって脅威となりかねません。

とくに島津氏は積極的で、一三七四年には表を奉って対明入貢を試み、「越分行礼」をとがめられました。七九年の「日本国王良懐」使は、さきほど述べたように、実質上島津氏久の送ったものですが、当時氏久は今川了俊に反抗して南朝方に付いていましたから、懐良が関与していた可能性もあります。しばらくたって足利義持《よしもち》が対明関係を断絶した直後の一四一八年、島津存忠《ぞんちゅう》らが義持の使節を騙《かた》って入明したという例もありました。

対明関係に限定しなければ、義満の外交上の競争相手はほかにもいました。

今川了俊は懐良・少弐氏《しょうに》・島津氏を討って幕府の九州平定に絶大な貢献をしましたが、そのこと自体が彼を義満の競争者に押し上げることになります。彼は高麗から到来した使者と独自に交渉し、高麗に倭寇の捕虜を送還し、また配下の兵を高麗に送って倭寇を討たせています。

一三九五年、義満は了俊を突如九州探題から遠江《とおとうみ》・駿河《するが》各半国の守護職に転任させました。二〇年以上におよぶ絶大な功績を考えると、これは懲罰にひとしい仕打ちでした。了俊が九州の独自権力として外交主体になることを警戒したからとしか考えられません。

了俊を左遷したあと、義満の標的となったのは西国最大の守護大名であった大内義弘《おおうちよしひろ》でした。一三九一年、一族で一一カ国の守護を兼ねて「六分の一殿」とよばれた山名氏が、義満の挑発に乗って追討され、おおはばに勢力を減じました。義弘は「明徳《めいとく》の乱」とよばれるこの事変に勲功を立て、山名氏の旧守護国のうち和泉《いずみ》・紀伊をあたえられ、周防《すおう》・長門・豊前・石見《いわみ》とあわせて六カ国の守護大名となりました。

堺出土の唐津焼絵皿

その結果、瀬戸内航路両端の要港である堺《さかい》と赤間関《あかまがせき》（いまの下関）をおさえ、対外交通に絶対的な優位を確保します。幕府といえども大内氏の協力なしには中国・朝鮮との交通を自由にできなくなったのです。おまけに義弘は、了俊同様倭寇の禁圧に力を注ぎ、倭寇の捕虜を送還し、また一三九九年には百済王の子孫と称して朝鮮に土田《どでん》の給与を求めるなど、独自の外交主体としての活動を強めていました。

おなじ一三九九年一〇月、義弘は義満の上洛要請におうじ、大軍を率いて堺城にはいりましたが、京都へはおもむこうとしませんでした。一一月、義満は謀反の意ありとみなして先鋒隊を堺へ送り、みずからも三万騎を率いて洛外に陣をとりました。義弘はあらかじめ了俊の仲介で関東公方《くぼう》の足利満兼《みつかね》を味方につけており、その他の反義満分子ともひろく連絡をとっていました。

一二月、幕府軍の総攻撃でようやく城が陥落し、義弘は討死します。予想よりはやく大内方が敗れたため、すでに出陣していた満兼もやむなく兵をおさめました。

この事変を「応永《おうえい》の乱」といいます。義弘が張りめぐらせた包囲網は尋常なものではありません。義満の生涯で最大の危機だったといってよいでしょう。

義満がのるかそるかの賭をあえてした理由は、義弘がおさえる瀬戸内航路をなんとしてもわがものとしたかったからだと思われます。賭に勝った義満は、義弘と了俊をのぞくことに成功し、かつ大内の守護国のうち和泉・紀伊・豊前・石見を取り上げ、本領ともいうべき周防・長門だけを一族の弘茂《ひろしげ》に安堵しました。

こうして難敵大内氏が没落したあと、義満に対抗しうるような勢力はひとつも残っていませんでした。

北朝接収、南朝解消

父義詮《よしあきら》の死後、一三六八年に一一歳で将軍となった義満は、南朝が逼塞し、北朝がますます武家のカイライと化すなかで、急速に官位を駆け上っていきます。

一三七三年に従四位下《じゆしいげ》・参議・左中将《さちゆうじよう》となって公卿の仲間いりをすると、七五年に従三位《じゆさんみ》、七八年に従二位・権大納言《ごんのだいなごん》・右大将《うだいしよう》、八〇年に従一位、八一年に内大臣、八二年に左大臣と、みるみる昇進をかさね、八三年には源氏長者《げんじちようじや》・准三后《じゆさんごう》の称号を得ます。

左大臣は常置の官としては人臣の最上位です。源氏長者は源氏というウジの頂点に立つ地位で、村上源氏など公家系の家から出るのが慣例。武家出身は義満がはじめてです。准三后とは皇后・皇太后・太皇太后に準ずるという意味で、のちに大きな意味をもってきます。

この時点で義満は弱冠二六歳ですが、彼の上に立つ人間は天皇しかいなくなったのです。

つぎに義満の朝廷対策に目を向けましょう。

まず北朝について。京都の施政権は朝廷の側に最後まで残された聖域で、検非違使《けびいし》の庁《ちよう》という役所の管轄でしたが、それを幕府の侍所《さむらいどころ》がどんどん侵食していきます。警察や治安の面からはじまって、土地や債権関係の裁判におよび、最後には金融業者への課税をもにぎるという順序で、首都の施政権を幕府の手に収めます。

さらに、全国に段銭《たんせん》(土地の面積を基準とする税)を賦課したり免除したりする権限をにぎり、あるいは、本所間相論《ほんじよかんそうろん》——ある荘園と隣の荘園とが別々の本所に属していて、境界紛争がおこったりしたときの裁判——は本来天皇固有の権限だったのですが、これも幕府がにぎっていきます。こうして一三八〇年代には、北朝のもっていた権限の接収がほぼ完了します。

吉野で細々とつづいていた南朝にたいしては、いよいよその解消へと踏み出します。その動機は二つあります。

ひとつは、いくら名目的でも南朝が存在するかぎりは、有力守護が幕府に反逆する際の旗印となる、その可能性を封じることです。もうひとつは、王権のシンボルである「三種の神器」を南朝ににぎられていることは、北朝側のアキレス腱だったのですが、これをなんとか取りもどして北朝の正統性を回復することです。

また南朝側にも、有力者がつぎつぎに死んだり、強硬派の長慶《ちようけい》天皇が退いて弟の後《ご》亀山《かめやま》天皇に代わり、楠木正儀《くすのきまさのり》ら和平派が台頭したり、という事情がありました。けっきょく明徳の乱で名声を得た大内義弘が、和平工作のため吉野へおもむくことになります。

義弘が南朝に提示した和平条件は三つありました。第一に、後亀山天皇は北朝の後《ご》小松《こまつ》天皇に神器をわたすが、その際「譲国」の形式をとる。これによって後亀山の皇位は正当だったことになります。第二に、今後の天皇は南北両統から交互に出す。第三は所領問題で、国衙領《こくがりょう》は南朝側、長講堂領《ちょうこうどうりょう》は北朝側が獲得する。これを後亀山はのんで、一三九二年閏一〇月二日に京都に帰って、大覚寺《だいかくじ》にはいります。

ところがその後、義満はこの条件をかんたんに反古《ほご》にしてしまいます。とくに二番目の両統迭立《てつりつ》は、鎌倉末期の状態への復帰で、これがあったからこそ後亀山は神器をわたしたのですが、義満は最初から守る気などなかったようです。

革命前夜

一三九三年、北朝の後円融《ごえんゆう》上皇が死去しました。彼は義満とおない年で、ともに正室が七歳年うえの姉さん女房だったり、似た点も多かったのですが、一方でその治世は、朝廷の権限をつぎつぎにうばわれて、天皇家の将来もどうなるかわからないとい

足利義満木像（京都・等持院蔵）

う、まことに不運なめぐりあわせでした。

ストレスが昂じて、一三八三年には、父の命日の法事に公卿が一人も来なかったことに腹を立てて妻を刃傷《にんじょう》したり、義満との密通を疑って妾《しょう》を出家に追いやったり、はては自殺未遂事件までおこしました。

さすがの義満も、この人の生前は露骨な行動をひかえていましたが、その死後、朝廷政治を主宰する「治《ち》天《てん》」の地位を、天皇の後小松ではなく、義満が受け継いだかのようにふるまいはじめます。

第一に、自分自身を官制上の束縛から解き放ったことです。一三九四年一二月、三八歳の義満は、将軍を辞任して太政大臣になりますが、わずか半年で出家して「道義《どうぎ》」という法名を名乗ります。太政大臣任官は出家のための布石にすぎません。その出家は、政界からの引退を意味するどころか、太政大臣を頂点とする律令制的な官制体系から離脱して、公家・武家双方に君臨することを可能にする形式だったのです。

これによって義満は、日本国内で実質上最高、形式上も天皇とならぶ位置に立つことになりましたが、それだけでなく、明から「陪臣」として退けられていた外交の場に参入できる条件を獲得しました。

第二に、上級貴族の家臣化です。一三九三年以前から関白二条良基《よしもと》のように、義満に追従する公家は多かったのですが、この時期になるとはばかるところがなくなってきます。

一三九五年の踏歌節会《とうかのせちえ》という朝廷儀式では、関白一条経嗣《つねつぐ》が義満の裾を取りました。関白が義満の従者であることが、だれの眼にも明らかになったのです。また摂関クラスの二条満基《みつもと》・九条満教《みつのり》の名前にある「満」の字は、義満からもらったものでした。武家社会では主人が従者に名前の一字をあたえる習慣があります。おなじころ、官職をもらったことを感謝して行う拝賀奏慶《はいがそうけい》の舞踏を、上級貴族が、天皇ではなく室町第《だい》の義満の御前で行っています。

第三に、皇族や上級貴族の子弟が有力寺院にはいって枢要な地位につく「門跡《もんぜき》」という制度がありますが、従来武家からはいることのなかった門跡——山門《さんもん》（天台宗）の三門跡として有名な青蓮院《しょうれんいん》・三千院《さんぜんいん》・妙法院《みょうほういん》、真言宗の仁和寺《にんなじ》・大覚寺など——に、つぎつぎに義満の子弟が送りこまれます。いずれも先例のない事態で、とくに仁和寺・大覚寺に武家からはいった例は空前絶後です。

舞踏する束帯姿の公卿。『春日権現験記絵』（東京国立博物館蔵）

また、「廻祈禱《めぐりきとう》」という武家独自の祭祀体系を作って、そこに天皇の行う祈禱よりも高い地位の僧侶をよんだり、中国的な陰陽道《おんみょうどう》の祭を重視して朝廷の伝統的な祭祀体系に対抗したり、ということもやっています。

第四に、義満はもと西園寺《さいおんじ》家の山荘であった北山第をもらいうけて、壮大な造営を行ったうえで、一三九八年にここに移ります。この邸宅が国家の政庁の役割をはたすようになってきます。最高政策の決定だとか最高の祭祀をここで行います。のちにふれる明の国書の拝受も、この北山第で行われました。

第五に、国制という点ではこれがもっとも重要ですが、朝廷人事の決定権を義満がにぎってしまいます。

一三九六年、関白一条経嗣は日記に「近日叙位除目《じょいじもく》の事、主上《しゅしょう》（後小松天皇）一切御口入《ごくにゅう》なし（口出しなさらない）」と記しました。また経嗣の前年の日記にはこうあります。

頭弁《とうのべん》広橋兼宣《かねのぶ》が大臣叙任候補の名簿である小折紙《こおりがみ》を持参した。くだんの折紙はみな室町殿（義満）から出されたものである。およそ小折紙は、まず勅筆（天皇の自筆）をいただき、ついで摂関が清書すべきものであるが、近年は勅筆をいただくのを略して、摂関がいきなり書いている。これは室町殿の意向によるものである。

人事の原案は義満が諸人からの要望をとりまとめて作成し、天皇の手を経ずに摂関がいきなり清書する。天皇権限の代行者である摂関の関与という点に天皇の影がほのみえるだけで、人事の草案を勅筆で記すという官職任命権を象徴する行為から、天皇はほぼ完全に疎外されていました。貴族たちが官職叙任を感謝する舞踏を義満のまえで行ったのも、当然のことだったのです。

ここまでくれば、天皇家を皇位から追放して、日本の王権そのものを義満の手ににぎってしまうまであと一歩です。事実、一三九九年の相国寺《しょうこくじ》大塔供養などのハレの場に義満が上皇の格と礼遇で臨んだこと、一四〇六年に義満の妻の日野康子《ひのやすこ》が後小松天皇の准母《じゅんぼ》になったこと、一四〇八年に義満の愛児義嗣《よしつぐ》が「親王の准拠」により内裏《だいり》で元服の儀を行ったこと、などから考えて、義満自身が法皇になり、義嗣を天皇位につけるというプログラムが着々とすすめられていたことは確実です。

冊封体制への参入

一三八〇年に明に送った二度目の使者がはねつけられて以降、義満はいったん明との通交を棚上げにして、右にのべたような国内の体制固めにはげみます。一五世紀にはいった時点で、それはほぼ完成の域にたっしていました。

他方明側でも、太祖は晩年には外交に消極的になり、とくに日本にたいしては一三八六年に断交を宣言していたのですが、その彼が九八年に死んで、嫡孫の恵帝《けいてい》が即位し、翌年から年号も建文《けんぶん》とあらたまりました。

義満はこの機を逃さず、一四〇一年に使者を明に送ります。義満が使者に託した恵帝あての書面は、中原康富《やすとみ》の日記『康富記』に書きとめられています。

草菅相公秀長《ひでなが》卿、清書 前宮内卿《さきのくないきょう》行俊《ゆきとし》卿

日本准三后《じゅさんごう》道義、書を大明皇帝陛下に上《たてまつ》る。日本国は開闢《かいびゃく》以来、聘問《へいもん》を上邦《じょうほう》に通ぜざること無し。道義幸いに国鈞《こくきん》を秉《と》り、海内虞《かいだいおそ》れ無し。特に往古の規法に遵《したが》いて、肥富《こいつみ》をして、祖阿《そあ》に相副え、好《よし》みを通じ方物《ほうぶつ》〈金千両・馬十匹・薄様《うすよう》千帖・扇百本・屏風三双・鎧一領・筒丸《どうまる》一領・剣十腰《よう》・刀一柄・硯筥《すずりばこ》一合・同じく文台《ふだい》一箇〉を献ぜしむ。海島漂寄の者幾許《いくばく》人を捜尋《そうじん》して之《これ》を還《かえ》す。道義誠惶誠《せいこうせい》恐頓首《きょうとんしゅ》頓首謹言。

応永八年五月十三日

「道義」は義満出家後の法名ですが、それに冠した「日本准三后」という称号がまずは注目されます。義満はまだ明帝の冊封を受けていないので、「日本国王」を称することはできません。といって日本の官名を使っては失敗をくりかえすことになります。そこで天皇の近親に準ずる格をあらわす「准三后」が、明皇帝に直接宛てでもおかしくない自称として選ばれました。

使者の肥富は、別の史料に「筑紫の商客」とあり、博多の商人のようです。祖阿は、将軍の側近に仕えて同朋衆《どうぼうしゅう》とよばれた法体《ほったい》の者のひとりと考えられます。また書面の起草を儒学者東坊城《ひがしぼうじょう》秀長、清書を書家世尊寺《せそんじ》行俊が担当しました。

室町幕府の外交担当者が通常は五山の禅僧だったこととくらべて、右の四人はきわめて異例の人選です。なにしろ五世紀の「倭の五王」以来とぎれていた国交を復活させようというのですから、先例や慣習にこだわってはいられなかったのでしょう。「海島漂寄の者」の実体は倭寇の捕虜で、その送還が「日本国王」の第一の要件だったことは、前にのべたとおりです。

この文書を受け取った恵帝は、ただちに義満を日本国王に冊封しました。建文四

（一四〇二）年二月初六日の日付をもつ恵帝の詔は、つぎのようにのべています（抜粋）。

朕、大位を嗣ぎてより、四夷の君長の朝献する者、十百を以て計《かぞ》う。苟《いやしく》も大義に戻《もと》るにあらずんば、皆礼を以て之を撫で柔《やす》んぜんことを思う。茲《ここ》に爾《なんじ》日本国王源道義、心を王室に存し、君を愛するの誠を懐く。波濤を踰越《ゆえつ》し使を遣わして来朝せしめ、逋流《ほりゅう》の人を帰し、宝刀・駿馬・甲冑・紙硯《しけん》を貢し、副《そ》うるに良金を以てす。朕甚《はなは》だ焉《これ》を嘉《よみ》す。日本は素《もと》より詩書の国と称せられ、常に朕が心に在り。弟《た》だ軍国の事殷《さか》んにして、未だ存問に暇《いとま》あらず。今王、能《よ》く礼義を慕いて、且《か》つ国敵の愾《いかり》を為さんと欲す。君臣の道に篤きにあらずんば、疇《たれ》か克《よ》く茲に臻《いた》らん。今、使者道彝《どうい》・一如《いちによ》を遣わし、大統暦を班示《はんじ》し、正朔《せいさく》を奉ぜしむ。錦綺《きんき》二十匹を賜う。至《まさ》に領すべし。

傍線部は、前年に義満が明に使者を送ったことをのべています。「軍国の事殷んにして、未だ存問に暇あらず」というのは、太祖の子で恵帝の叔父にあたる朱棣《しゅてい》が、燕《えん》京《きょう》（元《げん》の都大都、今の北京）を地盤に皇位をうかがっており、その対策に追われたという意味です。

恵帝が太祖の遺訓を破って日本との国交を開くにあたっては、朱棣への対抗上日本を味方につけておこうという軍事的思惑がありました。前年の六月に朝鮮を冊封したことも、おなじ文脈で考えてよいでしょう。

「国敵の愾を為さんと欲す」とあるのは、義満の使者が恵帝に軍事援助を申し出たことを語るものかもしれません。そして恵帝が義満を日本国王に封ずるために天倫道彝《てんりんどうい》・一庵一如《いちあんいちにょ》の二僧を発遣し、大統暦と賜物を届けさせたことは、太祖が「良懐」にたいしておこなったのと変わりありません。

一四〇二年九月五日、義満は北山第でこの詔を受け取りました。その際彼は使僧を門のところまで出迎えます。また机に置かれた詔に焼香して、三回おじぎをして、跪《ひざまず》いて、おもむろに中身を見た、ということです。彼が卑屈ともいえる態度をとった理由は、王権簒奪《さんだつ》の正当性を保障してくれるはずの明の権威がいかに高いものであるかを、衆人環視のもとで印象づけようとするところにあった、と思われます。

義満は表向きの態度とはうらはらに、明の情勢を冷静に観察していました。明使は翌一四〇三年二月一九日に北山第を辞して帰国の途につきましたが、吉田兼熙の日記の当日条に興味深い記事があります。

そもそも異朝の事、種々の説あり。去年冬ころに大変あり、当帝の叔父、退治を致し即位すと云々。但し此の条、慥《たし》かなる説を知らず。仍《よ》って今度下し遣わす所の御書は、両通用意せらる。

じっさい明では、前年の六月、つまり恵帝の詔が発せられてわずか四カ月後に、朱棣の軍が南京を攻略し、恵帝を自殺に追いこみました。この事変を靖難《せいなん》の役とよびます。

朱棣はただちに帝位につき、恵帝の在位と年号をなかったことにしてしまいます。この時点まで太祖が生きていたかのように、この年一四〇二年を建文四年でなく洪武《こうぶ》三五年に変えさせたのです。翌年から年号が永楽《えいらく》に変わりましたので、朱棣は永楽帝（おくり名は成祖《せいそ》）とよばれます。

恵帝不利の情報を得ていた義満は、使者が明に着いたときどちらが勝っていても困らないように、恵帝あてと成祖あての二通の「御書」をもたせました。『善隣国宝記《ぜんりんこくほうき》』に載せるつぎの表は成祖あてのほうです。恵帝あてのものは伝わりません。

日本国王臣源表す。臣聞く、太陽天に升《のぼ》らば、幽として燭《て》らさざる無し。時雨《じう》地を霑《うる》おさば、物として滋《しげ》らざる無し。矧《いわ》んや大聖人《せいじん》、明《めい》は曜英《ようえい》に並び、恩は天沢《てんたく》に均しく、万方化《ばんぽうか》に嚮《むか》い、四海仁《じん》に帰するにおいてをや。欽《つつ》しみ惟《おも》んみるに、大明皇帝陛下、堯《ぎょう》の聖神を紹《つ》ぎ、湯《とう》の智勇に邁《す》ぎたり。弊乱を戡定《かんてい》すること、瓴《かめ》を建《くつが》えすよりも甚し。乾坤を整頓すること、掌《たなごころ》を返すよりも易し。中興の洪業《こうぎょう》を啓《ひら》き、太平の昌期に当る。垂旒《すいりゅう》は深く北闕《ほっけつ》の尊に居ると雖《いえど》も、而《しか》も皇威は遠く東浜の外に暢《の》ぶ。是《ここ》を以て謹んで僧圭密《けいみつ》・梵雲《ぼんうん》・明空《みょうくう》・通事徐本元《じょほんげん》を使《つかわ》して、仰ぎて清光を観、伏して方物を献ず。生馬弐拾匹・硫磺《いおう》壱万斤・馬脳《めのう》大小参拾弐塊《かい》計弐百斤・金屛風三副・槍壱千柄・太刀壱佰把・鎧壱領・匣硯《こうけん》一面幷《なら》びに匣扇《こうせん》壱佰把。為に此《ここ》に謹んで具し、表聞す。臣源。

年号　日　日本国王臣源

太陽・時雨は皇帝の恩沢の比喩です。堯は儒教の説く古の聖天子、湯は殷（商）朝を開いた湯王。「弊乱を戡定する」「乾坤を整頓する」とは靖難の役を勝ち抜いたことをいうのでしょう。垂旒は冠の垂れ飾りで皇帝の象徴。北闕は宮中。帝は宮城の奥深くにいても、その威力ははるか「東浜の外」にある日本にまでおよぶ、というのです。歯の浮くようなお世辞を連ねた文章で、実質的な内容は「是を以て」以下の使者の名と貢物の品目を記した部分だけです。作者は五山文学の代表的作家である絶海中津《ぜつかいちゆうしん》、正使の堅中圭密《けんちゆう》以下祥庵《しようあん》梵雲・明空らも五山の禅僧です。

『善隣国宝記』は、堅中が抜け目なく「新主を賀するの使」に早変わりしてこの表を通じたとのべています。この堅中は一五世紀初頭に四回も遣明使節に任じたベテランの外交僧で、名目的に天龍寺住持の肩書きをもらっていました。以後、幕府や諸大名の行う外交は、ことごとく禅僧が担うことになります。

永楽元（一四〇三）年一一月、成祖は義満に「制」を発します。その文中に「爾《なんじ》日本国王源道義、天の道を知り、理（地カ）の義に達す。朕大宝に登るに、即ち朝貢を来たす。帰嚮《ききよう》の速やかなる、褒嘉《ほうが》するに足るあり。用《もつ》て印章を錫《たま》う。世よ爾の服を守れ」とあります。使者に二通の表をもたせた義満の深慮はみごとに的を射ていました。

印章は「日本国王之印」の六字を彫りつけた方形の金印で、亀を象《かたど》った鈕《ちゅう》（つまみ）が付き、光輝人を照らし、両手でももち上げにくいほど重かったといいます。皇帝が印章や冠服を国王に授与することは、暦の頒布とならんで冊封の成立を明示する行為です。

翌年成祖は朝鮮国王を冊封し、ここに東アジアの三国間にようやく安定した国際関係が実現しました。この枠ぐみは一六世紀のなかばまで存続します。

国際関係の安定は国家間にあらたな経済関係を成立させます。日明間では、一四〇三年の成祖の制とあわせて、永楽勘合一〇〇道が日本国王にあたえられました。以後、日本から明にいたる船は、一隻につき一道ずつこの勘合を携帯することが義務づけられます。この制度は、日本国王による対明貿易の完全な掌握・管理を可能としました。

こうしてはじまったのが勘合貿易で、最初の勘合船は一四〇四年に渡明します。といっても貿易はあくまで外交使節に付随するもので、このたびの船は幕府が仕立て、正使には禅僧明室梵亮《めいしつぼんりょう》がなりました。

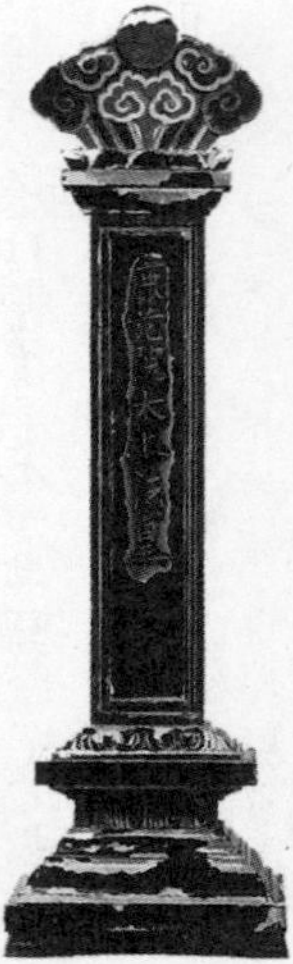
足利義満位牌（京都・臨川寺蔵）

革命の挫折

一四〇八年の四月二五日に愛児義嗣の元服式を「親王の准拠」で挙行して、得意の絶頂に立ったわずか三日後、義満は突然発病し、五月六日にあっけなく死んでしまいます。享年五一歳。呼吸器系の流行病だったようです。

八日、朝廷は故義満に「太上天皇《だじょうてんのう》」の尊号を贈ることを決定します。この尊号宣下《せんげ》については疑問とする説もありますが、信頼できる記録にみえているうえに、相国寺の過去帳には「鹿苑院太上天皇《ろくおんいんだじょうてんのう》」、臨川寺《りんせんじ》の位牌には「鹿苑院太上法皇」の文字があります（鹿苑院は相国寺内の義満の遺骨を安置する塔が置かれた寺で、彼は死後もっぱらこの呼称でよばれました）。

しかし、幕府は宿老斯波義将を中心に協議のすえ、九日に宣下を辞退します。朝廷の上層部にも義満の王権簒奪を既定路線とする人びとが存在するいっぽう、幕府の内部にも義満の簒奪プログラムに批判的な人が多かったのです。

足利義持像（京都・神護寺蔵）

義満の急死によって、簒奪プログラムへの逆流がなだれをうって生じます。その焦点にいたのが四代将軍の義持《よしもち》です。彼は、一三九四年に義満から将軍職を譲られて名目上は幕府の頂点に立ったものの、父が弟義嗣を偏愛したために影がうすくなり、しだいに父を憎むようになりました。父の死後、義持はその路線をことごとくくつがえす挙に出ます。尊号辞退もそうですが、もっと重要なのは、義満が苦心のすえに樹立した日明関係を断絶したことです。

義満急死を明帝に知らせる使者は世子《せいし》義持の名で送られ、それにこたえて一四〇九年に成祖の弔問使が来日しました。翌年、義持は弔問にたいする謝恩の使を明に送り、それへの答使王進《おうしん》が一四一一年に日本にいたったとき、義持は入京を許さず、兵庫《ひょうご》から追い返してしまいます。以後、明使の追却はくりかえされ、義持の死後に義教《よしのり》が遣明使を復活するまで、国交断絶状態がつづきました。

このような義持の行動を、父への憎悪という個人的な動機のみに帰することはできません。義満の生前には逆鱗に触れることをはばかって表面に出なかった簒奪路線への不満が、朝廷からも幕府からも噴出していました。対明関係では、義満が一四〇三年に明帝に奉《たてまつ》った表のなかで臣を称したことに、非難が集中しました。瑞渓周鳳《ずいけいしゅうほう》は『善隣国宝記』のなかでつぎのように述べています。

(a) 明がわが国の将相を王と呼ぶのは、けだしわが国を推尊する意味なので、必ずしも厭わない。いま表のなかで王と自称したことは、明の封を受け入れたことを示すもので、むしろ不可ならんか。

（b）臣の字を用いるのは非である。やむをえないときは「日本国」の下に通常通り官位を書くべきである。その下の氏《うじ》と諱《いみな》との間に「朝臣《あそん》」の二字を書くのがよかろう。けだしわが国の公卿の恒例としては、臣の字はわが天皇に属する〔ことを意味する〕のみだから、このようにして外国に臣たるの嫌いを避けるべきである。

（c）近ごろ明に遣わす表の末にかの国の年号を書いているのは、あるいは非ならんか。わが国の年号は唐書《とうじょ》・玉海《ぎょっかい》等の書に多く載っているから、かの国の博物の君子は、わが国に中古より年号のあることを知っているにちがいない。だから義としてはわが国の年号を用いるべきで、さもなくば総じて年号を書かずに干支《かんし》だけを書いてはどうか。

瑞渓は明へ送る外交文書を起草した経験をもち、それをきっかけとして、一四七〇年に日本最初の外交史の書『善隣国宝記』を著しました。幕府外交にもっとも近いところにいた外交通の禅僧です。その彼がこんな批判を義満にたいして懐いていたのですから、支配層の大半は同様の考えだったとみていいでしょう。

しかし、もしこの意見にそった表が明に送られていたとしたらどうでしょうか。諸国が明と国交を結ぶ前提は諸国の王が明帝の冊封を受けることで、それ以外に選択の余地はなかったのです。(a)のように王を名乗らず、(b)のように明帝の臣下でないことを明示する名乗りを用いたなら、明側は陪臣が分をこえて遣わした書面とみなして、表とは認定しなかったでしょう。(c)にみえる年号使用が、冊封受容のしるしだったことはいうまでもありません。義満は二度の失敗で以上のことを熟知していました。

また瑞渓は、コメントのつづきに、「近ごろ大将軍は国に利益をもたらそうとして、ひそかに書信を明に通じている」と記しています。なるほど、義教以降の将軍たちは、「日本国王」を名乗って明と通交するという、義満の方式を復活させましたが、その目的は、みずからが貿易の利を得ることと、貿易の利をエサに諸大名や貿易商人を操作することにありました。

皇帝から日本国王に封じられるという形式は、貿易を可能にするためにやむをえず忍従しているもので、できれば国内ではあまり公にしたくない、というのがホンネだったでしょう。「ひそかに」という瑞渓の表現に注意してください。この段階では、日本国王は対明貿易権を内容とする名義にすぎなくなっていたのです。

そして義満もまた、貿易の利益に眼がくらんで屈辱外交をあえてした恥ずべき人物として、近代の歴史家から筆誅《ひっちゅう》をくわえられてきました。より公平に歴史をみる学者でも、義満時代の対外関係は勘合貿易の第一期として総括され、教科書にはそのように叙述されています。

しかしこうした経済主義的解釈が偏ったものであることは、ここまで読んでこられた方にはおわかりでしょう。明帝の冊封を受けることは、義満にとって、国内的には王権簒奪計画の仕上げとして至上の権威をうしろ盾にすることでしたが、対外的には、九世紀以来の伝統的孤立主義（第一章参照）から脱却して、東アジア国際社会のなかに「日本国王」をまっとうに位置づけるねらいがありました。

しかしその義満にしても、明年号や大統暦を日本国内で用いようとした形跡はありません。国際的には通用した「日本国王」の称号も、国内で「国王」が天皇に代わる日本の統治者の称号だとする認知を受けるにはいたっていません。彼がもう少し長生きして簒奪が現実のものとなったとしても、あの「逆コース」の根強さからみて、子々孫々まで簒奪が長続きすることはなかったのではないでしょうか。

第六章　中世の倭人たち
——国王使から海賊大将まで

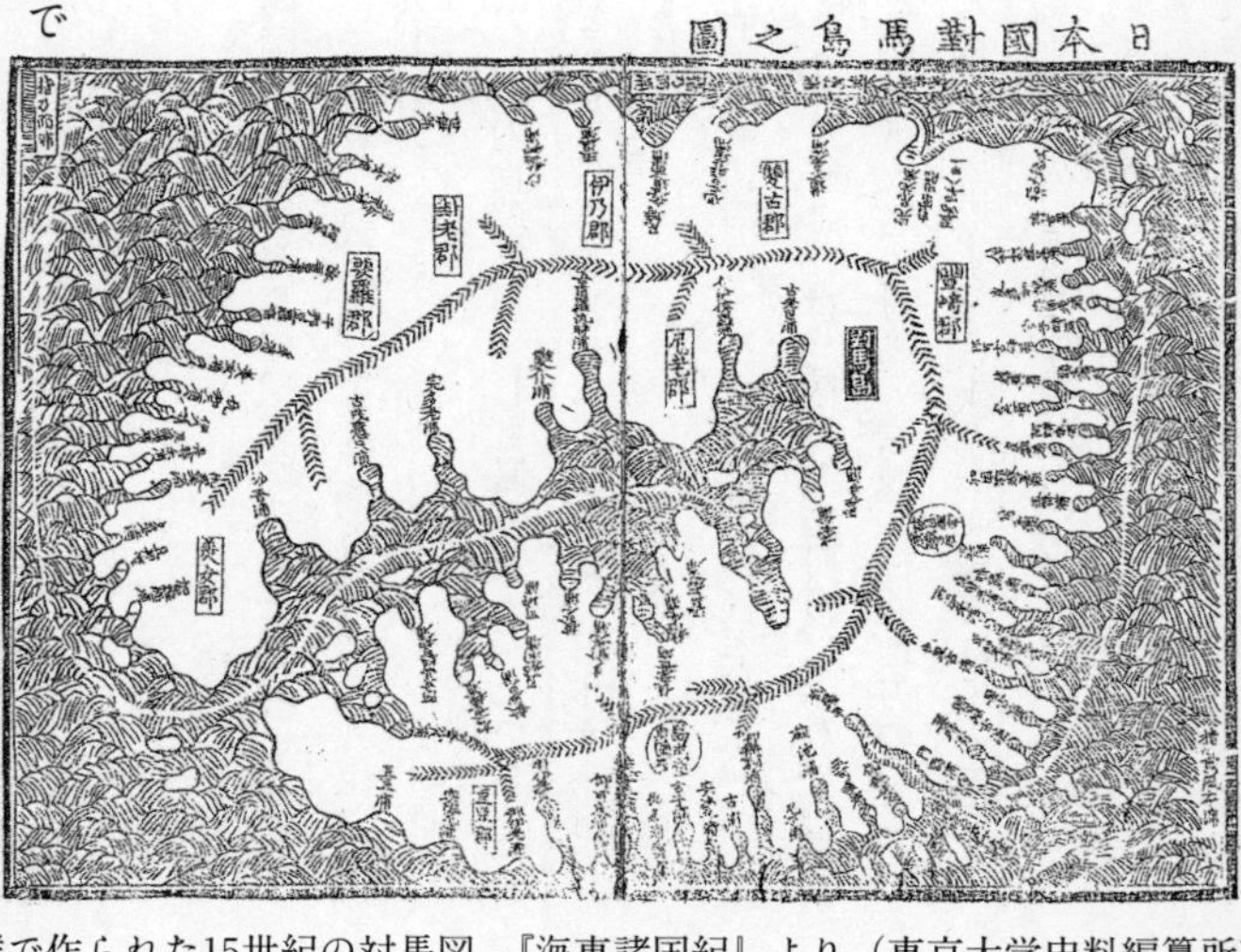

朝鮮で作られた15世紀の対馬図。『海東諸国紀』より（東京大学史料編纂所蔵）

朝貢貿易

一五世紀初頭、明の成祖《せいそ》が日本・朝鮮両国の王を冊封して、東アジア三国間に安定的な関係が成立しました。この関係において明と正式の関係を結べるのは、「人臣に外交なし」の原則に従って、日本・朝鮮の国王だけでした。

ところが日本と朝鮮との関係においては、その論理は必ずしも徹底しませんでした。朝鮮国王の名を負わない使者が日本を訪れることはありませんでしたが、日本からはじつに多様な勢力が朝鮮に使者を派遣しました。

一四七一年に朝鮮の高官申叔舟《シンスクチュ》が著した『海東諸国紀《かいとうしょこくき》』という〈中世日本ガイドブック〉には、朝鮮通交者の名簿が載っています。そこには、国王の室町殿ばかりではなく、管領以下大内・大友・少弐・宗《そう》などの守護大名、対馬・壱岐・松浦《まつら》地方の中小武士、博多の商人や僧侶、はては「海賊大将」を自称する者までが記載されています。「海賊大将」または「海賊大将軍」を名乗る者だけあげてみましょう。

備後国の梶原《かじわら》左馬助源吉安。安芸国の藤原朝臣村上備中守《びっちゅうのかみ》国重。周防国太畠（山口県柳井《やない》市大畠《おおばたけ》）の源朝臣芸秀。伊予《いよ》国鎌田（愛媛県上島《かみじま》町弓削《ゆげ》鎌田）関の源貞義。出雲《いずも》国留《りゅう》（島根県出雲市大社町宇竜《うりゅう》）関の藤原朝臣義忠。豊前国蓑島《みのしま》（福岡県行橋市）の玉野井藤原朝臣邦吉。

海賊大将とはいっても日本国内ではれっきとした武士で、瀬戸内海や日本海の湊《みなと》を根拠地に海上交通にたずさわる人びとであったことがわかります。「水軍」というイメージでとらえるとわかりやすいでしょう。このうち村上国重には、のちに述べる「図書《としょ》」という印が給与され、一年に一回船を朝鮮に送る権利が認められています。

朝鮮は、国王以外の者が送った使者であっても、海賊行為におよばないかぎりできるだけ受け入れました。ただし、国家領域の周辺に住む夷族が朝鮮に朝貢するという形式をとらせました。この場合、使者は正式の外交文書である「書契《しょけい》」と、土地の産物である「土物」をたずさえて朝鮮にいたり、朝鮮の国王ないし国家機関の返書と、朝貢にたいするたまわり物である「回賜《かいし》」をもらって帰りました。

朝貢とは、国王と周辺夷族が結ぶ政治的関係であると同時に、土物と回賜が交換される貿易でもあったのです。「朝貢貿易」とよばれるこのかたちの貿易においては、朝貢を受ける側が、自己の国家の偉大さを誇示するために、土物の価値をおおはばにうわまわる回賜をあたえるのが通例でした。

つまり朝貢貿易は、近代の貿易のように経済的な需給のバランスによって取引価格が決まるのではなく、朝貢する側と受ける側との政治的関係が貿易の内容を決めるという特徴をもっていました。

それでは、一五世紀、室町時代の日朝関係において、朝鮮と日本側とのあいだにどのような政治的関係が存在したのでしょうか。日本から朝鮮におもむいた通交者は、なぜあんなにも多様な要素からなっていたのでしょうか。また朝鮮は、「人臣に外交なし」を原則とする東アジア国際社会では異例の関係を、なぜあえて結んだのでしょうか。

倭寇から倭人へ

この疑問を解く鍵も、倭寇にあります。建国まもない明が倭寇問題で頭を痛めていたころ、朝鮮半島はもっと深刻な状態になっていました。一三五〇年から倭寇の回数と規模が急に大きくなります。のちに朝鮮では、この年の干支《かんし》をとって「庚寅《こういん》以来の倭賊」という成句ができます。

一三七五年ころには、高麗側が経光《つねみつ》という倭寇の頭領をだまし討ちにしようとして計略がもれてしまう、という事件がおきました。『高麗史』によりますと、これを境に倭寇は女・子どもまで皆殺しにするようになり、朝鮮半島西南部の海岸地帯は「蕭然《しょうぜん》一空」、人影がなくなってしまったといいます。

たまりかねた高麗政府は、ふたつの方向で倭寇問題の解決をはかります。

ひとつは日本側との外交交渉です。一三六七年に使者を送って室町幕府に倭寇の禁圧を求めたのが最初で、倭寇の活動がピークにたっした一三七〇年代後半には、五回も使者を派遣しています。その間に高麗は、幕府をあてにするより今川了俊や大内義弘を相手としたほうが得策だとさとります。彼ら西国の大名たちは、倭寇の動きをある程度コントロールする力をもっていたからです。

もうひとつは軍事的に倭寇を封じこめることです。倭寇が高麗滅亡の一因となったとよくいわれますが、これは俗説にすぎません。一三八〇年代になりますと、倭寇に対抗する高麗側の軍事力がかなり整備され、倭寇はしばしば大敗を喫しています。倭寇の勢いにははっきりと陰りが見えていたのです。そして倭寇との戦いで功績をあげ、高麗政府内で重みをましていったのが、朝鮮朝の建国者李成桂《イソンゲ》でした。

一三九二年、李成桂は高麗の恭譲王《きょうじょうおう》を退位に追いこんで、新しい王朝を開きます。倭寇問題の本質を知り抜いていた彼は、倭寇に影響力をもつ西日本の諸勢力と積極的に関係を結ぶいっぽう、倭寇にアメをあたえて海賊行為に走らないようにする懐柔策をとりました。

投降してきた倭寇を国内に住まわせるとか、朝鮮の名目的な官職をあたえて臣下とするとかの方法もありましたが、もっとも有効だったのは、倭寇を日本の諸勢力の名を負う平和的な通交者として受け入れる策でした。

こうして一五世紀の日朝間には、「朝貢貿易」というかたちで、かつてなくひんぱんな人の往来が生じました。この貿易においては、前述のように日本からの通交者の側に利益が大きかったので、さまざまな名義を負った使者たちが日本から殺到する結果を招きました。やむなく朝鮮側は、日本からの通交に枠をはめ、秩序だてることを考えはじめます。いろんな方法がありましたが、おもなものはつぎの三つです。

第一に、たんなる商業目的の船を締め出し、日本のしかるべき勢力の派遣する使節というかたちの船に限定したことです。それを証明する手段として、派遣者の名前を彫りつけた印章を捺した正式の書面を携帯させました。この印章を「図書《としょ》」、書面を「書契《しょけい》」とよびます。

第二に、対馬の宗氏に朝鮮に向かう船をチェックする権能をゆだねたことです。朝鮮の港にはいる船は、宗氏が発行する渡航証明書の携帯が義務づけられました。この証明書を「文引《ぶんいん》」「路引《ろいん》」などとよびます。

第三に、倭人の船がはいる港を慶尚道の薺浦《チェポ》・富山浦《プサンポ》・塩浦《ヨンポ》三カ所に限定したことです。薺浦はいまの鎮海市《チネ》薺徳洞《チェドクドン》、富山浦は釜山《プサン》、塩浦は蔚山《ウルサン》市塩浦洞で、三つあわせて三浦《さんぽ》とよびました。

これらの制度からは、一五世紀の日朝間で、内／外の関係がきわめてあいまいで流動的だったようすがうかがわれます。

第一の図書は朝鮮から給付される印で、受給者が朝鮮の秩序体系のなかに組みこまれたことを意味します。もっと直接的に、朝鮮の官職を日本からの通交者にあたえることも行われました。その際には、「告身《こくしん》」とよばれる辞令があたえられました。告身は縦が一メートル前後もある巨大な文書で、対馬の武士にあたえられたものが一〇点ほど残っています。

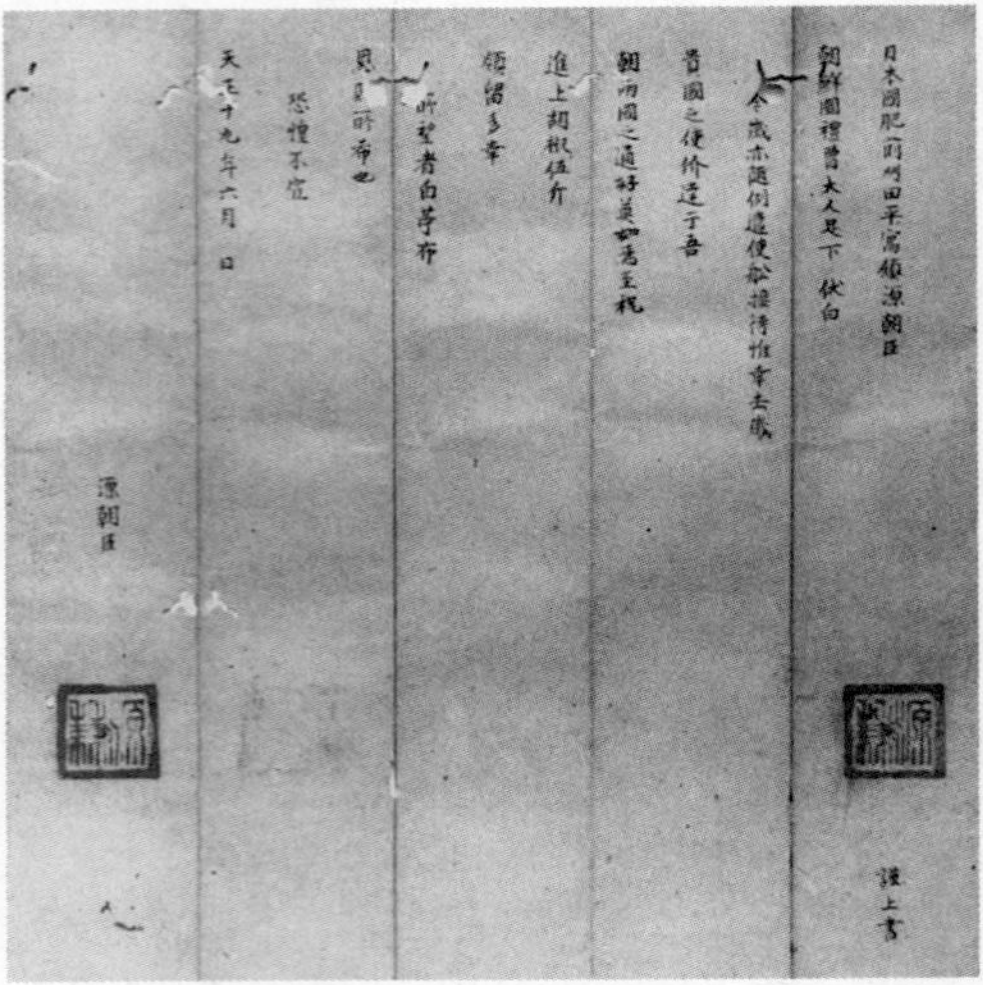
日本國肥前州田平寓鎮源朝臣
朝鮮國禮曹大人足下　伏白
今歳亦遂例遣使於接待惟幸甚
貴國之使於遂了吾
朝兩國之通好莫切焉至祝
進上胡椒伍斤
領留多幸
所望者白苧布
恩賜所希也
恐惶不宣
天正十九年六月　日
源朝臣
謹上書

田平源兼の書契・図書（個人蔵）

第二の文引の制度は、対馬宗氏に朝鮮国家の入国管理権能を委ねるものです。つまり朝鮮の国家権力機構の末端に対馬が位置づけられたわけです。

そして第三の三浦は、ほんらい倭人を受け入れる港にすぎなかったのですが、しだいにそこに倭人（とくに対馬人）が住みつくようになり、居留地の性格を帯びはじめ、朝鮮側も容易には手出しできない空間となっていきます。いわば三浦は朝鮮という異

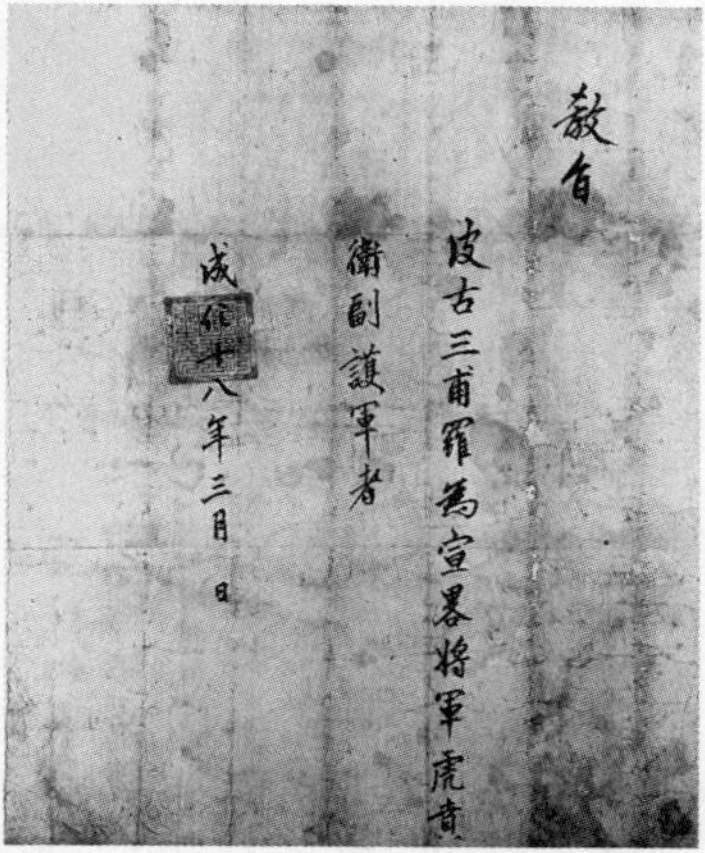
教旨
皮古三甫羅為宣畧将軍虎賁衛副護軍者
成化十八年三月　日

対馬・早田文書の告身。『対馬と韓国の文化交流史展』図録より（個人蔵）

国に食いこんだ日本中世社会だったのです。

倭服・倭語

日朝間で内／外の関係があいまいだったことは、その境界領域に独特の性格をあたえ、境界的な性格をもつ人びとが生きる場となる結果をもたらしました。この観点から注目されることばが、倭人の「倭」という語です。まず『朝鮮王朝実録』の一四七七年の条を見ましょう。

済州島《チェジュド》から流れ移った人民が慶尚道西部の晋州《チンジュ》や泗川《サチヨン》の地に住みついているが、かれらは戸籍にも載っておらず、海中に出没しては、倭人の言語・衣服をまねて、漁民たちから略奪する。

『実録』の別な条には、済州島のアワビ取りたちが「いつわりて倭服・倭語をなす」と記され、そのうえ一般人民までがその集団に身を投じていたこともわかります。

朝鮮人が倭人集団そのものに身を投じたわけではありませんが、彼らが「倭語」までも学ぼうとしている以上、倭人に海賊の罪をなすりつけるための行動という解釈では不十分です。やはり倭人との間になんらかの一体感が共有されていたと考えるべきではないでしょうか。それは済州島という場が朝鮮の国家領域の境界部分にあって、「倭」的な要素が多分に入り交じるところだったからにちがいありません。

さらにいいますと、「倭人」を即「日本人」とする常識さえ、ここでは捨てなければなりません。たとえば一四四一年に「沙伊文仇羅（左衛門九郎）」となのる倭人が朝鮮の民となることを願い出ましたが、じつはこの人は両親とも朝鮮人でした。一四三〇年に塩浦にあらわれた「而羅三甫羅（次郎三郎）」という倭人は、「私はもと朝鮮の人でしたが、かつて倭寇の捕虜となりました。いま塩浦の倭館の近くに住んで漁業で暮らしたいと思います」と願いました。

この二例は、日本風の名をなのり倭人と記されてはいますが、あきらかに民族的には朝鮮人です。ようするに倭人というのは、対馬などから交易にやってくる海民を指すことばで、民族的には日本人でも朝鮮人でも日朝混血でもありえたのです。済州島や対馬島は、民族的出自のちがいが第一義的な問題とはならない境界的な場であったことがわかります。

右の事実は、朝鮮側が「倭」と「日本」とを明確に区別して使っていることからも裏づけられます。一五一〇年に慶尚道観察使は「而羅多羅（次郎太郎）」という倭人について、「日本の倭人ではなく、薺浦で妻を娶《めと》って住み着いており、朝鮮語にも堪能である」と報告しています。ここで「日本の倭人」の対になるのは「対馬の倭人」です。

つまり倭人という語には日本列島全体——といっても朝鮮人の念頭にあるのは九州のようですが——の住民を指す広義の用法のほかに、対馬人を指す狭義の用法があったのです。またこういう史料もあります。

「加延助機《かいぞく》」は倭の別種の名である。博多等の島に散居していて、つねに船中で妻子を養い、海賊をなりわいとしている。顔は黒く髪の毛は黄色で、言語・服飾とも諸倭と異なっている。弓射・剣技に長じているが、海にもぐって（敵船の）船底に穴をあけるのをもっとも得意とする。

髪の毛の色がちょっとひっかかりますが、太陽や潮風で焼けて黄色くなったのでしょうか。家船《えぶね》に住んで海賊をやるような海民たちは、朝鮮人の眼には諸倭（一般の倭人）と風俗習慣の異なる「倭の別種」と映っていました。

以上の例から、「倭」ということばのある側面が浮かびあがってきます。日朝間にひろがる海域を生活の場としていた人びとにとって、倭服は共通のいでたち、倭語は共通のことばだったのではないでしょうか。その服を着、その言語を話すことによって、彼らは帰属する国家や民族集団からドロップ・アウトし、いわば自由の民に変身できたのではないでしょうか（もっとも彼らにそうした帰属意識があったかどうか自体、あやしいものですが）。

このような場においては、倭人は日本人か朝鮮人か何人《なにじん》か、といった問いにたいした意味があるとは思えません。彼らの本質は、国籍や民族をこえたレベルでの人間集団である、という点にこそあるのですから。

マージナル・マン

民俗学では、複数の中心のいずれにとっても辺境であるような場所、すなわち境界に生きる人間類型を「マージナル・マン」とよんでいます（マージナルは境界的という意味です）。彼らはどの中心からみても異邦人《エトランゼ》ですが、それゆえに中心と中心とを媒介する性格をもちます。一五世紀の日朝間を生活の場とした倭人たちは、マージナル・マンの典型といってよい人たちでした。

一五世紀末、慶尚道の金海《キメ》に六〇〇余戸という大規模な海民の集落があり、国家の水軍に編成されていました。その生活ぶりは、農業を事とせず、船を家として海洋に出入りし、操船の敏捷なことは島夷《とうい》と異なることがなかった、といいます。島夷は対馬人を指すことばで、朝鮮半島南岸の海民と対馬島民との共通性がうかがえます。

またこの海域には中国人の姿もよく見られます。一四八六年に対馬島国分寺住持の使者として朝鮮を訪れた潜巌《せんがん》という人――さきほどの考察に従えば、彼も「倭人」とよんでよい存在です――は、明国の生まれで、一〇歳のとき「賊倭《ぞくわ》」平茂続《たいらしげつぐ》らによって対馬に連行され、美女郡《みね》の五郎左衛門《ごろうざえもん》の家で奴《やつこ》として使われていましたが、のち国分寺に移りました。

彼は本国へ帰る途を探ろうと使者に立ったのですが、年少で被虜《ひりよ》となったため、父親の職役も居住地も記憶がなく、また理解できるのは倭語だけで中国語はまったくだめでした。朝鮮政府も彼の言にどこまで信をおくかに迷い、対馬へ還すことも明へ送ることもせず、首都ソウルの近くに家と田をあたえて住まわせることにしました。

またおもしろいことに、ここに「賊倭」として登場する平茂続は、有名な対馬の海商早田《そうだ》六郎次郎の子ですが、母は慶尚南道《ナムド》高霊《コリヨン》県の生まれで、高麗末期に対馬にさらわれてきた女性だったのです。つまり民族的には日朝混血だったことになります。

また『朝鮮王朝実録』の一四七七年の条にはこうあります。

慶尚道南岸の泗川《サチヨン》・固城《コソン》・晋州《チンジユ》などの地に、済州島の「豆禿也只《トトクヤギ》」と呼ばれる海民が住みつき、最初は二、三艘にすぎなかったが、やがて三十二艘にもなり、海岸に小屋を建てている。衣服は倭人にまぎれ、言語は倭語でも漢語でもなく、船体は倭船に似て堅牢かつ高速である。つねに魚釣りや海草とりを生業としていて、郡県は労役を課することができない。近所の居民は彼らの略奪をこうむっている。

済州島は、日朝間の境界的場だっただけでなく、朝鮮・日本・中国を結ぶ航路のかなめに浮かぶ島でした。ここの海民らの話すことばは、朝鮮語でも倭語でも漢語でもない、まさしくマージナルな言語だったのです。

こうしたマージナル・マンを生み出す動きは、また日朝間の〈国境をまたぐ地域〉に諸民族が雑居する状態を生みました。はやくも一五世紀初頭、司諫院《しかんいん》という朝鮮の中央官庁は、「根性が悪くて長く寇盗《こうとう》をなしてきた倭奴《わど》が、いまやわが民と州郡に雑居しており、なかには官職をもらって朝廷で宿衛する者さえいるのは、好ましくないことだ」という意見書を王に呈しています。

それから約一世紀ののち、慶尚道熊川《ウンチヨン》では、倭人が近くの薺浦に居留するようになってから久しく、はばかることなく熊川にも出入りし、朝鮮人と雑居する状態になっていました。その結果は、付近の流民たちが生活の糧を得るために子女を倭人に売ったり、あるいは熊川の住人が近在の居民を倭人に売りとばしたりという弊害を生じました。また倭人たちの活動の本拠ともいうべき対馬でも、朝鮮人や中国人が連れてこられ、民族の雑居や混血児の出生という状況があらわれていました。

野人と倭人

それでは国家の側はマージナルな人間や地域をどのようにあつかっていたのでしょうか。朝鮮の場合で考えてみますと、朝鮮人の眼に倭人とつねに対をなすものと映っていた、野人とよばれる人びとがありました。朝鮮半島極北部から中国の東北地方にかけて住んでいた女真族のことです。

朝鮮は朱子学を純粋に信奉しましたが、それにおうじて華夷意識も中国以上に強烈でした。「野人は犬羊と異なるところがない」「島夷は人類に数えるに足りない」などの表現が語るように、朝鮮の支配層にとっては、野人も倭人も人間以下の禽獣でしかありませんでした。

また一四六八年に国王に呈されたある意見書は、四夷として北に野人、東に日本、南に三島（対馬・壱岐・松浦）、西に琉球があるとして、彼らが競って来貢する小中華として朝鮮を位置づけています。倭人の活動する舞台である三島を、日本と区別してあつかっている点にも注意してください。
元日の儀礼はこうした華夷意識の再確認にかっこうの場となりました。たとえば一四二九年の元日には、国王の世宗は冕服《べんぷく》（明皇帝から下賜された国王の礼服）を着て、世子（次期王位予定者）および文武の群臣をひきいて望闕礼《ぼうけつれい》（明の皇居を遥拝する儀式）を行ったあと、赤いうすぎぬの袍《ほう》に着替えて朝賀を受けました。冕服や望闕礼には、朝鮮国王が明皇帝を中心とする中華世界に直結する存在であることを誇示する効果があったでしょう。

しかし着衣を替えたあとの朝賀は、朝鮮国内だけでなく、自前《じまえ》の「夷」をもふくむ華夷に君臨する主君であることを示す場でした。だからこそそこには倭人、野人、そして帰化したイスラム教徒の参列が必要となりました。以後、元日の朝賀に倭人・野人が東西にあい並ぶことは慣例となります。

手厚い回賜をめあてに通交者が朝鮮に殺到したことも、倭人・野人に共通していました。倭人の「三浦」に対応する居留地として、野人には「五鎮《ごちん》」がありました。五鎮は世宗朝に咸鏡道《ハムギョンド》東北辺の豆満江《トマンガン》沿いに設置された五つの城邑《じょうゆう》、慶源《キョンウォン》・会寧《フェニョン》・鍾城《チョンソン》・穏城《オンソン》・慶興《キョンフン》の総称です。

本来は野人と対峙するフロンティアに置かれた軍事基地だったのですが、対野人関係の安定とともに野人の往来する交易場となり、やがてはその城壁の外に野人の居留がみられるようになりました。野人たちの目的はといえば、もちろん三浦と同様、朝貢貿易による利潤獲得でした。

以上をまとめるとこうなります。

——朝鮮の国家は、辺境を生活の場とする野人・倭人というマージナル・マンを「夷」として位置づけ、華夷の秩序のなかに編成しようとし、それを実現する手段として朝貢貿易を位置づけた。

倭人にたいするこうした政策を具体化し、後世に模範を示そうとして編まれたのが、一四七一年に日本通の高官申叔舟《シンスクチュ》が著した『海東諸国紀』という本です。この本のおもな目的は、日本や倭人の使者をどんな基準で受け入れ、どのように

明人の描いた野人と倭人（『万宝全書』内閣文庫蔵）

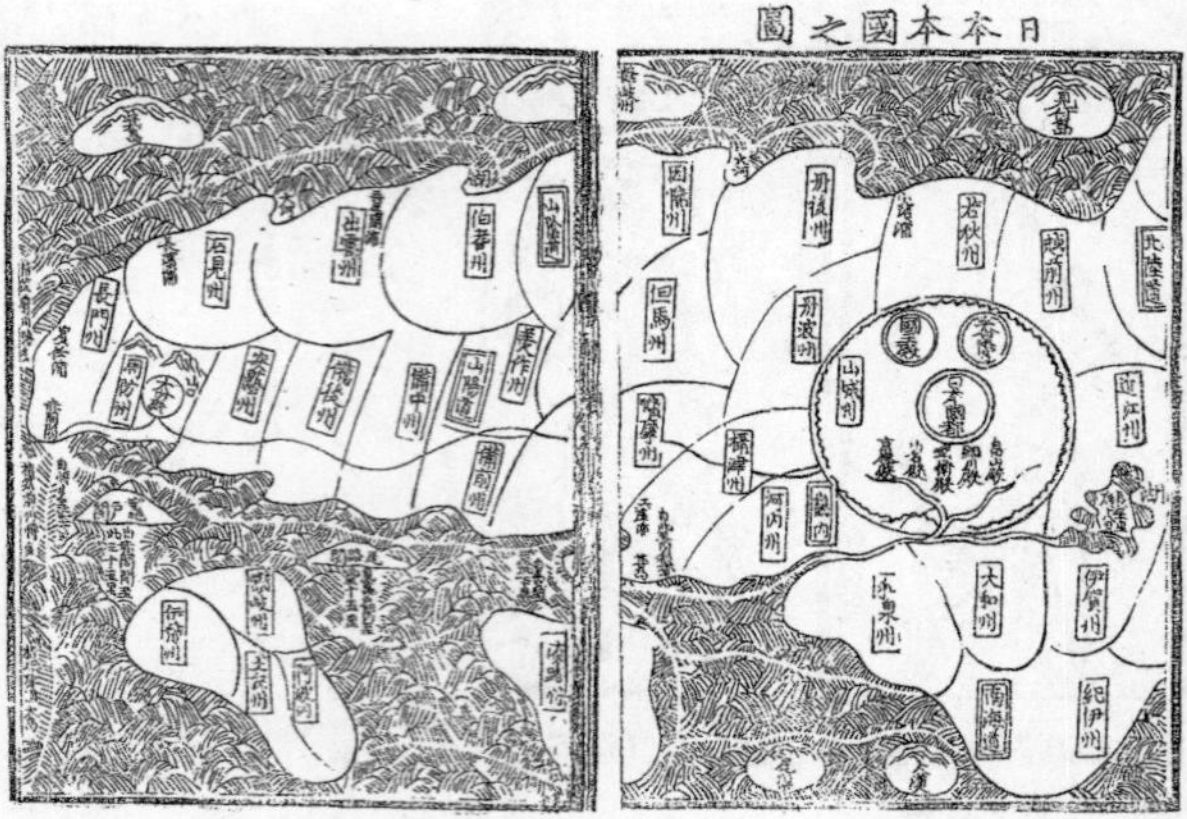

「日本本国之図」。『海東諸国紀』より（東京大学史料編纂所蔵）

接待するかのスタンダードを示すことにありましたが、その前提となる知識として、日本の歴史や地理、風土なども盛りこんであります。その意味で、一五世紀朝鮮の日本理解の水準を示す書となっています。

これに匹敵する朝鮮理解の書を、中世の日本はついにもつことがありませんでした。日本を訪れた朝鮮人よりも、朝鮮を訪れた日本人のほうがはるかに多かったのに……。倭人たちの視線は、貿易においていかに最大利潤を獲得するかに釘づけにされ、相手の実情を理解するという方向には向かわなかったようです。

さらに注目されるのは、野人についても同様の書を作ろうとしたことです。一四九九年に『海東諸国紀』にならって、野人についても道路の遠近、風土、王の族系、接待の基準等を記した書物を編纂してはどうか」という提案がなされました。これは実行に移されたらしく、五年後に『西国諸蕃記《さいごくしょばんき》』の印刷が命じられています。しかしこの本は残念ながら現存していません。

済州島と対馬島

倭人と対になる存在として野人を見てきましたが、もうひとつ注目される対として、対馬島と済州島というペアがあります。

一四〇九年に朝鮮国王に提出された意見書に、「近年以来、全羅道の兵糧を済州島に送って飢饉を救い、慶尚道の兵糧を対馬島の倭奴に給与して手なずけてきたので、二道の倉庫は空っぽに近く、とても心配です」とあります。朝鮮の国家にとって、済州島と対馬島とがおなじような性格をもつ辺境であったことがわかります。さらにここには、全羅道―済州、慶尚道―対馬という関連づけの型も認められます。

こうしたペアリングが可能だったのはふたつ理由があります。ひとつは、済州島が対馬とともに倭人の活動の本場だったからです。一四三〇年、兵曹《へいそう》(軍事担当の中央官庁)は、済州で捕えられた倭人を、丸腰なのに賊倭として処刑してしまうことについて、「済州は倭人が行商などの日常活動を行っている場所だから」という理由で、反対しています。

もうひとつは、済州島が対馬や北方辺境と同様、夷狄《いてき》の地だったからです。第四章でのべたように、済州島は一二七四年から一二九四年まで元の直轄下に置かれました。元はこの島に駐屯軍を置き、大規模な牧場を経営しました。モンゴル人の生き残りは朝鮮時代にもいたことが確認されます。明の太祖は、「耽羅《たむら》(済州島の古名)はもとより韃靼《だったん》人で、君臣の区別を知らず、牧畜をなりわいとする」とのべています。朝鮮朝成立後も、済州牧使《ぼくし》(地方長官)には文人でなく武人が派遣されました。ここにも夷狄を武威で制御しようという発想がみられます。

対馬と済州島をあい似た地とする見方は、国家に反逆しようとする人びとの側にも共有されていました。全羅道南辺の楽安《ナガン》・順天《スンチヨン》・玉山《オクサン》などの人びとが、周辺の多島海で海賊行為をはたらく際、いつわってあるいは倭人となり、あるいは済州人となったといいます。「倭服・倭語」の項でふれた「倭」の脱体制的性格は、「済州」にも共通するものだったのです。

しかし他方、国家の領土という観点からは、対馬は日本で済州島は朝鮮だ、というちがいも認識されていました。一四七八年、倭船が済州島の海岸に来泊したので、倭語を解する通事がソウルから派遣された、と聞いて、梁誠之《ヤンソンジ》という高官がおもしろい意見を吐いています。

済州と対馬がともに海上にあって、東西あい望む位置にありながら、言語を異にしているのはむしろ好ましいことだ。言語が通じてしまうと、サルに木登りを教えるようなもので、いずれおぞましい変事が起きるだろう。だから倭通事を済州に送って、済州人に倭語を習得させるような愚は避けるべきだ。いまならまだ間に合うから、急ぎ早馬を送って通事を連れ戻してほしい。

対馬や済州島はあいまいで危険な境界領域であり、そこに〈国境をまたぐ地域〉が倭語を共通語として生まれてくる可能性がある。そのことを朝鮮国家がするどく感知していたことがわかります。しかし前にみたように、この地域では倭語が一種の共通語として機能していた気配があります。梁誠之のたくましい想像力もおよばないところで、済州島のサルたちは、すでに十分木登りを知ってしまっていたようです。

対馬島、慶尚道に隷す

つぎに、日本の国家にとっても境界領域が警戒を要する場だったことを示すおもしろい例を紹介しましょう。

ときは一四一九年、朝鮮が倭寇問題の抜本的解決をねらって、一万七千の兵で対馬を攻撃しました。日本側で応永《おうえい》の外寇《がいこう》、朝鮮側で己亥東征《きがいとうせい》とよぶ事件です。朝鮮軍の軍事行動は比較的短期で終わりましたが、対馬と朝鮮との関係はしばらく断絶したままになりました。朝鮮との交易を生活の手段とする対馬の人びとにとって、これはたいへん困った事態でした。

そんなとき、「時応界都」(または辛戒道)という名の対馬人が宗都都熊丸《つつくまる》(のちの宗貞盛《さだもり》)の使者と称して朝鮮へ渡航し、こう提案します。「もしわが対馬島に貴国の境内の州郡にならって州名を定められ、都都熊丸に国王から印章を賜りますれば、朝鮮国王の臣下としての節義を示す所存です」。

これを受けた国王世宗は、対馬を慶尚道の所属と定め、国王への上申はかならず慶尚道観察使（行政長官）をとおして行うよう命じ、あわせて「宗氏都都熊丸」という字を彫りつけた印章を対馬に送りました。これは、対馬が朝鮮国王の政治的支配のおよぶ朝鮮の領土になったことを意味します。

ところがその後、都都熊丸の意を受けた別の使者が朝鮮に来て、「辛戒道の言はこちらの関知するところではない。対馬が慶尚道に属するなどという説は、史籍をひっくりかえしてみても、長老にたずねてみても、全然根拠がわからない」と強く抗議しました。朝鮮側は、「そのことは古籍にはっきり書いてあるし、慶尚道の所轄としたのも対馬側の要請に応じたまでで、領土拡張をもくろんでの措置ではない」と説明しましたが、使者は納得しません。ついに、「対馬は日本の辺境だから、対馬を攻めることは日本の本土を攻めることとおなじだ」といい出しました。

この件は、対馬側の強硬な申し立てに朝鮮側が折れて、対馬はもとどおり日本の所属ということで決着します。しかし朝鮮側がこの結果に本心から納得していたわけではありません。のちに編纂された官撰《かんせん》の地誌『新増東国輿地勝覧《しんぞうとうごくよちしょうらん》』では、対馬島は釜山浦などとともに慶尚道東莱《トンネ》県の項に掲げられており、「すなわち日本国対馬州なり。もとわが鶏林《キエイム》（慶州の雅名）に隷す。いまだ何時に倭人の拠る所となりしかを知らず」と説明されています。対馬を日本とは別の独自の領域だとする見方は、朝鮮側ではむしろ常識だったのです。

倭人側にもこの見方をとる者がいたことは、時応界都の提案に明らかです。彼が宗氏の使者だというのは明らかにいつわりで、対馬で朝鮮交易にたずさわっていた人びとのうちで、宗氏とはちがう立場を代表する者だと考えられます。彼らにとっては、対馬が日本・朝鮮のどちらに属するか、といったことより、朝鮮半島との交易を維持することのほうが大事だったのです。

さらには一五世紀なかば、大内氏のような西国大名の口からも、おなじようなことばが発せられていました。「対馬はもと朝鮮の地である。私は兵を起こしてこれを討つから、朝鮮は呼応して挟み撃ちにし、貴国の牧馬の地とされるがよかろう」。

このときの大内氏の当主は教弘《のりひろ》で、室町幕府から筑前国守護職に任じられ、宿敵少弐教頼《のりより》を対馬へ追い払っていました。対馬の宗氏は少弐氏の被官の出（家来筋）なので、教頼は宗貞盛をたよって対馬へ逃げたのです。教弘の発言には、少弐＝宗との対抗上有利な立場を確保しようとする大内氏の政治的意図がすけて見えています。

だから朝鮮側もこの発言に喜ぶほど単純ではありませんでした。むしろ大内が少弐＝宗に勝った場合、追いつめられた敗者はかならずあちこちで海賊行為に走るだろう。そのうえ対馬島は日本の片隅にあり、朝鮮の守りとなっている者も多くいる。これが大内に負けてしまうと、「唇亡べば歯寒し」のことわざどおり、どんな異変がおこらないともかぎらない……。こう考えた朝鮮側は、教弘の提案を無視して現状維持を選びました。

宗氏の「対馬は日本の辺境だから対馬を攻めるのは日本国を攻めるのとおなじ」という発言は、島主＝対馬国守護として中央の幕府とつながり、そのかぎりで日本国を代表するという立場にもとづいています。それは現代人の常識とは一致しますが、けっして中世人の常識とはいえません。対馬島内の反宗氏勢力はもちろん、守護大名の大内氏とさえ共有できる見方ではなかったのです。

民衆の分裂

〈国境をまたぐ地域〉は国家とのはげしいせめぎあいのなかで形成されたため、地域の民衆のなかに分裂を生じさせる結果となりました。民衆のある部分は、倭人と一体となって海賊行為に走りました。

一五五六年、釜山浦に倭人が到来して、朝鮮人だといってひとりの子どもを返しました。現地からの報告を受けてソウルから通事が派遣され、尋問の結果、この子どもは倭語しか話せないことがわかりました。この件を聞いたある人が感想をのべています。

沿海のアワビ採りなどの海民は、辺将《へんしょう》(地方軍団の長)が漁のじゃまをするのに困りはて、倭に身を投じて、そこをやっと一息つける場所だと感じている。そういうなかで育ったのだから、この子どもが倭語しか解しないのもあやしむに足りない。

朝鮮国家による辺境の支配に服するよりも、倭の集団に身を投じたほうが安楽に暮らせる、そうした人もいたのです。

また文禄《ぶんろく》の役もまぢかな一五八七年春、全羅南道の損竹島《ソンジュクト》で倭寇事件があり、金介《キムゲ》同《ドン》という朝鮮水兵が倭寇の捕虜となりました。彼は五島、南蕃国（ルソンか）、北京を経て、翌年一一月に帰国し、損竹島で倭寇の陣営にいた沙火同《サファドン》という朝鮮人の言を政府に伝えます。

それによると、沙火同は全羅南道珍島《チンド》の人で、はじめ倭寇の捕虜となって五島に連行されましたが、やがて積極的に倭に忠節をつくすようになります。沙火同いわく、「朝鮮の賦役が非常に重く、アワビをとってもぜんぶもっていかれてしまう。それにくらべて五島は、風俗・人心ともに好く、人口も稠密《ちゅうみつ》な一大州ともいうべき土地だ」。そこで沙火同は、五島の倭を先導して朝鮮半島南辺で海賊行為を行うようになり、そのなかで金介同と遭遇した、というわけです。

もとより海民や山民のすべてが倭寇と同調する道を選んだわけではありません。一四二一年、慶尚右道水軍都安撫使《すいぐんとあんぶし》は、海中に出没する倭寇を防ぐため、付近の郡県の

「侍衛牌《じえいはい》・才人《さいじん》・禾尺《かしゃく》」を徴集しました。侍衛牌はよくわかりませんが、才人・禾尺というのは柳器《りゅうき》製作などの山仕事や人形劇などの雑芸で身を立てていた漂泊の山民です。

また一四九二年には、済州島の海民「頭無岳」（前に出た豆禿也只におなじ）について、「この連中はたくみに船をあやつるので、これを用いて倭賊にあたれば、大きな効果があるだろう」という提案がありました。このように、山海の民には倭寇に同調する動きがあるいっぽうで、倭寇の掃討のためにも山海の民が動員されていました。彼らのなかにも国家によって矛盾、分裂がもちこまれていたのです。

しかし多くの農民にとってこそ、〈国境をまたぐ地域〉の出現は耐えがたい苦しみの源でした。利をむさぼることにかけては人後に落ちない倭人たちは、下船するやいなや朝鮮側に物やサービスを要求し、通過する州県で人民を刃傷し銭財を略奪するなど、害毒をほしいままにしました。

とくに負担になったのが、倭人の持参する交易物の運搬労働です。倭人が三浦からソウルに向かうときに通る「倭人上京道路」沿線の住民は、人民も役人も無償で輸運にかりだされました。つぎつぎに倭人がやってきて大量の物をもちこむので、それが道に連なっている状況です。成年男子だけでなく妻子にまで輸運の苦しみがあり、荷の重さに耐えかねた牛たちがバタバタと倒れていきます。「倭人さえこなければ、人馬もすこしは休めるのになあ」。なげきの声が民の口からもれます。

三浦の乱後の「日本国王使」

以上のように、倭人たちによる一五世紀の朝鮮通交は、さまざまな矛盾をかかえつつも、盛況を呈していました。それに終止符を打ったのが、一五一〇年におきた三浦の乱とよばれる倭人たちの暴動です。

事件の直接のきっかけは、釜山浦僉使《せんし》の実施したきびしい入港統制でしたが、これには複雑な背景がありました。まず、朝貢貿易から最大限の利益をあげようとする倭人たちの横暴と、それにおうじる朝鮮側の過大な財政負担があります。また、倭物の運搬などで被害を受けたり、倭人との密貿易で利を得たりする朝鮮民衆の動向も重要な要素でした。

対馬の宗氏の援軍を得て、薺浦・釜山浦で行われた武装蜂起は、緒戦こそ釜山浦僉使を殺害するなど、多少押しぎみでしたが、まもなく朝鮮の正規軍の反撃によってあえなく失敗します。当然倭人たちは三浦に居られなくなり、対馬に引きあげざるをえませんでした。

15世紀の釜山浦『海東諸国紀』より（東京大学史料編纂所蔵）

身から出たサビとはいえ、朝鮮と断交状態になってしまった対馬は、ただちに使者を朝鮮に送って復交の道を探ります。一五一二年に交渉がまとまり、対馬—朝鮮関係は復活しますが、朝鮮側が認めた通交の規模は、乱の前にくらべて半分以下に縮小されてしまいました。

しかし対馬は縮小された規模に満足せず、あの手この手を使って実質的に通交規模を維持しようとしました。そのひとつが、「日本国王使」の名義を利用することでした。

ほんらい「日本国王」とは室町幕府の長に明からあたえられた称号で、その名を負う使者は、朝鮮からも最高の待遇があたえられました。しかし三浦の乱のあと朝鮮に来た日本国王使は、ほとんどが幕府とは関係なく、対馬の宗氏がかってに国王の名義を使って送った使者だったのです。対馬の利害を代表して乱後の復交交渉をまとめた彌中《ほうちゅう》という使僧《しそう》も、日本国王使を名乗っていました。なぜそんなことが可能だったのでしょうか。

一五八〇年に対馬から朝鮮にわたった船をリストアップした「国次印官之跡付《くになみいんかんのあとづけ》」という古文書に、「八月廿一日、国王殿之御印推《おし》申候。上官宗像《むなかた》蘇西堂《そせいどう》、船頭柳川権介《やながわごんのすけ》方」と記されています。

「宗像蘇西堂」とはこの年日本国王使として朝鮮におもむいた景轍玄蘇《けいてつげんそ》という禅僧で、その目的は明へ通貢《つうこう》したいので朝鮮に仲立ちをしてもらいたい、というものでした。柳川権介は宗氏の家老格の柳川調信《しげのぶ》で、この使者が宗氏によって派遣されたものであることは明らかです。このころ宗氏の居住する対馬府中には、偽造の「日本国王」印が保管されており、八月二一日にこの印が朝鮮国王宛の書契に捺されたのです。

このような状態はこの年にはじまったわけではなく、一六世紀に朝鮮に至った日本国王使のほとんどすべてが、対馬の仕立てた偽使だったと考えられます。それも三浦の乱直後には、朝鮮通交の復活という政治的目的がおもでしたが、一五二三年ころより以降は、貿易目的の使節がほとんどを占めるようになります。四二年に八万両もの銀をもちこんで朝鮮側の頭をかかえさせた僧安心《あんしん》以下の使節について、朝鮮のある高官はこう指摘しています。

倭使《わし》がやってくるのは、もっぱら銀をもちこんで売りさばき、利益をあげるのが目的だ。そこで禁銀がわが国是なので銀が売れないことを恐れて、国王の書契にかこつけている。この倭は真実の日本の使だとは信じられない。書契のなかで、のっけから銀のことを述べ立て、対馬のことを力説している。その言辞は疑うべきだ。海島の狡夷《こうい》が国王の書契を偽造するについては、その動機がないわけではない。

「国王使」の名義が、対馬によって、縮小された朝鮮通交を回復するための方便として使われていることは明らかです。さらに対馬は、国王以外の通交名義をもわが手に集めていきます。その結果、おなじ名義が一〇〇年以上もつづけて使われたり、長い中絶のあと突然復活したり、不自然な事態が続出します。対馬の仕立てたこうした偽使は、当然虚偽にみちみちた日本情報を朝鮮に流すことにならざるをえません。もちろん朝鮮側も対馬の作為に気づいていなかったわけではありません。しかし朝鮮にとって不幸だったのは、対馬情報の真偽をチェックすべき他のソースがつぎつぎと失われていって、日本情報が対馬を通じてしかはいってこなくなったことでした。とくに重要だった大内氏からの情報は、一五五一年の同氏の滅亡によってとだえてしまいます。

逆に朝鮮から使者を日本に送って実情を視察させる試みは、一四八〇年代にありましたが、宗氏が日本国内情勢の不穏さをわざと強調して妨害工作を行ったことと、夷狄の地におもむくことをいやがる風潮が強かったこととがあいまって、実現しませんでした。

大内氏の滅亡後、日本列島では戦国の動乱が収束に向かい、かつてない強大な中央集権的権力が生まれようとしていました。しかし朝鮮では、豊臣秀吉の出現にいたるこの重大な事態を、正確に把握していませんでした。

対馬の工作が妨げとなったことは事実ですが、使者を日本へ送って実情をつかむことは、朝鮮の決断次第で実行できたはずです。それがなされていれば、秀吉の権力の本質がより正しく理解され、国家の防衛に力を注ぐことも考えられたでしょう。そうすれば一五九二年にいきなり国内深く踏みこまれる結果にはならなかったかもしれません。

おわりに――侵略から「鎖国」へ

九世紀から一六世紀前半まで、「中世日本の内と外」をたどってきました。でもこれだけでは大事な部分が落ちています。いうまでもなく中世の最末期、あるいは近世への移行期にあたる、一六世紀なかばから一七世紀前半にかけての、波乱の時代です。幕藩制国家とよばれる日本の近世国家は、世界史的な変動のなかで、その変動の一部として生まれ、独自の方法でみずからの内／外を編成しました。

この時代を全面的にとりあげようとすると、この本では分量がとても足りません。それに、本書の姉妹編ともいえる『世界史のなかの戦国日本』という小著（ちくま学芸文庫、二〇一二年）で、私なりの時代像を出しておきました。申しわけありませんが、本書の尻切れトンボなところは、『世界史のなかの戦国日本』のほうで補っていただければと思います。そこでここでは、「近世の内と外」への展望をごく粗っぽくのべて、しめくくりとします。

この時代の日本列島では、戦国の分裂争乱のなかから統一への動きがあらわれ、信長・秀吉・家康という「天下人」が出現して、政治的・経済的統合を実現します。その強大な軍事力は、長い戦乱で鍛えられたことによるだけでなく、人的・物的資源の効果的な編成と運用にささえられていました。

たとえば、城郭の築造や攻防に駆使された土木技術は、鉱山の開発、耕地の造成、治水や利水などに応用され、権力の分散した中世には考えられなかった生産力の解放をもたらしました。そして解放された生産力は逆により集権的な政治権力を要求し、やがて「幕藩制国家」とよばれる、封建支配原理のもとでは最高度に集権的な国家権力が生み出されます。

全国統一戦争における秀吉の勝利は、相手を軍事的にたたきつぶすことよりは、圧倒的な軍事力と経済力を背景に「秀吉の平和」を強制することに、より大きく負っていました。一五八七年の「九州征伐」では、島津氏は秀吉の圧力に屈したために近世大名として生き残り、一五九〇年の「小田原征伐」では、後北条《ごほうじょう》氏はそれに逆らったために滅ぼされました。

このようにして進められた統一→版図拡大の衝動は、国境によって堰《せ》きとめられることはありませんでした。一五九二年、日本軍は海をわたって朝鮮半島へ攻め込み、またたくまに朝鮮の首都ソウルを陥落させます。秀吉は、この対外戦争においても、成功を重ねてきた国内戦争の論理と方法をそのまま貫こうとしました。朝鮮国王の降伏を受け入れて朝鮮を版図に収め、最終目標である明へ進撃する足がかりとしようとしたのです。

しかし、朝鮮国王があっさりソウルを捨てて朝明《ちょうみん》国境へ逃亡したことは、秀吉の第一の誤算でした。自己の命に逆らった相手を懲罰するためにも、戦争の長期化がさけられなくなったのです。その結果は、異民族軍の突然の侵入にたいする朝鮮人民のねばりづよい抵抗と冊封《さくほう》の論理にもとづく明の援軍派遣、そして海戦での劣勢による補給線確保の困難にぶつかって、日本軍は泥沼に引きずりこまれてしまいます。

一五九八年、秀吉の死による日本軍の撤退で幕を閉じた戦争の残したものは、朝鮮全土の目をおおうような荒廃と、軍事費支出による明の財政悪化、そして豊臣政権自体の崩壊でした。一六〇〇年の関ヶ原の戦いに勝利した徳川家康は、二年後、江戸に幕府を開きます。

秀吉が作らせた日・朝・明三国の図（大阪城天守閣蔵）

他方、秀吉ははやくも一五八五年に明征服の意図を公言しています。朝鮮侵略が彼の戦争の最終目標ではなかったのです（ただし、一五九六年にはじまる第二次侵略――慶長《けいちょう》の役――では、朝鮮半島南部を版図として確保することに目標がすりかわっていました）。秀吉の戦争は、「アジア」という視点から見れば、辺境に生まれた軍事権力による「中華《ちゅうか》」への挑戦でした。

そして、挫折した秀吉の野望をなしとげたのが、朝鮮半島の付け根部分から満州にかけて居住する女《じょ》真《しん》族です。その一部族である建州《けんしゅう》女真からヌルハチという英雄があらわれ、明が朝鮮半島で日本軍との戦争に力を割かれていたスキをついて、一七世紀初頭に全女真を統一しました。一六一六年には「金《きん》」（後金《こうきん》）という国号と「天命《てんめい》」という元号を建てて明からの自立を宣言、一六一九年にはサルフ山で明軍と交戦して、兵の数ではるかに劣っていたにもかかわらず、大勝利をおさめます。

このような女真の勢力伸張をささえたものは、統率のとれた騎馬軍団を中核とする精強な軍事力だけではありません。一五世紀後半以来、中国中心部では急激に経済規模が拡大し、その影響は辺境地帯にもおよびました。女真族のテリトリーでも、畑作農業や人参・毛皮交易の発展による富の蓄積がすすんでいました。ヌルハチの台頭をささえた経済的基盤がここにあります。

当時女真との境界地帯を訪れた朝鮮人は、寒村だった所に四方から物資が集まり、朝鮮をしのぐ繁栄をとげているようすを目撃しています。その勢いは境を接する朝鮮半島にもおよび、一六二七年と三六年の二度にわたって女真軍が侵入し、日本との戦争で疲れた朝鮮に追い打ちをかけました。朝鮮では日本との戦いを「壬辰《じんしん》・丁酉《ていゆう》倭《わ》乱《らん》」、女真との戦いを「丁卯《ていぼう》・丙子《へいし》胡乱《こらん》」とよんでいます。

後金の建国当時、支配下の人民数は明の府ひとつ程度にすぎませんでした。それだけにサルフ山の思いがけない大敗は明軍を浮き足だたせ、状勢は急に動きはじめます。明朝廷の無能と高官たちの派閥争いもあって、中央政府の全国統治がゆるみ、西安《せいあん》の李自成《りじせい》や四川の張献忠《ちょうけんちゅう》など地方勢力の自立化がすすみます。ついに一六四四年、李自成が北京を陥落させて最後の皇帝崇禎帝《すうていてい》を自殺に追いこみ、明は滅びました。これを待っていたかのように清《しん》（後金が一六三六年に改称）軍が北京に入城し、漢民族にとっては夷狄の女真族が、「中華」を奪ってしまいます。

「華夷変態《かいへんたい》（華が夷にさまを変える）」とよばれたこの事態は、東アジアにはかりしれない衝撃をあたえました。清自身はみずからを中華の主として認知させるために、中国的な文物・制度をとりいれ、文化を奨励しました。その結果、一七世紀後半から一八世紀に、康熙《こうき》・雍正《ようせい》・乾隆《けんりゅう》の盛代が出現しました。

しかし朝鮮や日本は、明の回復を願って、清を中華と認めようとはしませんでした。実現はしませんでしたが、徳川家光政権のもとで明に援軍を送ることが議論されています。

中国での反清復明《はんしんふくみん》運動は、一六八一年に九年間におよぶ三藩《さんぱん》の乱が平定され、八三年に台湾の鄭《てい》氏勢力が清に降伏した結果、ほぼ終息します。しかし朝鮮や日本は本心から清をあらたな中華とは認めず、むしろ自分たちにこそ真の中華は生きのびている、という文化的自尊意識を高めます。

こうして東アジア諸国は、それぞれ自己を中心とする独自の対外関係の編成をすすめ、あらたな内／外の関係を作りだしました。日本の「鎖国」もそのひとつです。「鎖国」とは、亀が甲羅のなかに身をすくめるように外との関係をいっさい断つことではありません。理念的には、国家が対外関係のすべてを掌握する体制で、国家政策上許容した範囲での関係はむしろ積極的に結んでいます。

またけっして日本独特のものではなく、基本的には「華夷」の編成という「アジア」の文脈に沿ったものです。明代のはじめ以来中国が採用した「海禁」と本質的にはおなじ政策で、その一類型と評価できます。三百年近くおくれてようやく、日本は「アジア」の水準に追いついたのだともいえましょう。

いっぽう一六世紀なかばには、はるか西方のヨーロッパ勢力が東アジアまで到達して、キリスト教や鉄砲を伝えました。彼らは香料・衣料・貴金属などの貿易を手がけましたが、それらの物資がヨーロッパまで運ばれる割合はあまり高くなく、アジア域内の物流の中継がおもな役割でした。

しかし、軍船と火器をたくみに結合させた強大な武力と、キリスト教正統主義にささえられた選民意識とは、それまでのアジア諸勢力にはないものでした。何よりも、ポルトガル・スペイン・オランダ・イギリスなど本国の世界的な貿易・植民政策の対象となったことによって、萌芽的とはいえ、アジアがはじめて「世界史」的連関のなかに組みこまれたことは事実です。具体的には、アジアの諸国家・勢力は、ヨーロッパ人の行う貿易や布教の活動にたいしてどういう態度をとるかという選択をせまられました。

日本の統一権力は、秀吉が一五八七年に出した「バテレン追放令」以来、キリスト教の布教を原則として禁じていましたが、貿易による富の獲得にはむしろ熱心でした。家康時代の朱印船《しゆいんせん》貿易はよく知られていますし、家康の側近にはイギリス人ウィリアム・アダムズ（三浦按針《みうらあんじん》）やオランダ人ヤン・ヨーステンが仕えていました。

幕藩《ばくはん》権力がキリスト教の存在そのものを真の脅威として痛感したのは、一六三七年におきた島原・天草のキリシタン大一揆でした。幕府は、幕藩制の軍事システムを本格的に発動して鎮圧にあたりましたが、それでも幕府の上使板倉重昌《いたくらしげまさ》が戦死し、乱後島原の領主松倉家と天草の領主寺沢家がともに断絶するなど、手痛い打撃をこうむりました。

徳川家光《いえみつ》による「寛永《かんえい》の鎖国令」は、一六三三年に日本人の海外往来の禁止、バテレンの布教活動の取締り、外国船との貿易取締りを骨子として発令され、三六年まで小改訂が重ねられましたが、島原・天草一揆が平定された翌年の一六三九年、ポルトガル船の渡航を完全に禁止することで完成しました。幕府は、翌年長崎に来航したマカオからの使船を焼き沈め、使節ら六一人を処刑するという強硬姿勢をあらわにします。

こうして完成した「鎖国」体制は、幕府派遣の奉行が治める長崎で唐人《とうじん》町の中国人および出島《でじま》のオランダ人との貿易を行い、対馬藩に朝鮮との、薩摩藩に琉球との、松前藩にアイヌ民族との交易・交渉を、それぞれの「家役《かやく》」としてゆだねるというシステムでした。

近年の研究では、右の長崎・対馬・琉球・松前を幕藩制国家の「四つの口」とよんでいます。窓口を「四つの口」にかぎり、他の海岸線を封鎖して外国船の来航と日本人の自由渡航を監視することによって、国家による対外関係の管理はほぼ完全なものとなりました。

これはたしかにアジア的な「海禁」の徹底したかたちということができます。しかしその徹底ぶりには、キリシタンの根絶というこの時期固有の国家イデオロギーが猛威をふるいました。しかもキリシタンの根絶は、宗門人別改《しゅうもんにんべつあらため》という国内の人民支配制度の理由づけにも用いられて、事実上の戸籍制度を実現させていくことになります。

中世には、国家レベルはおろか、荘園や村落のレベルでさえ、権力が全住民を把握するシステムはありませんでした。そのことを考えると、キリシタン問題をひとつの軸とする近世の内／外が、中世とまったく異なった姿を呈するようになったことがわかるでしょう。

そこから逆に中世という時代の内／外の特徴をまとめてみると、前後の古代や近世にくらべて――古代についてはあまりふれることができませんでしたが――国家の枠組みが弱い、人民にたいする規制力が弱いことが指摘できます。弱いがゆえに、外の世界との交流が、多様な人びとの参加のもとに、多様なかたちで見られました。

そのことを「中世日本の内と外」というテーマにそくして考えてみると、じつは内／外の区別が絶対的ではなかったということ、つまりテーマそのものを否定するかたちになってしまいます。

しかしさらにすすんで、現代の私たちをとりまく内／外の関係のあり方、あるいはそれがすすんでいこうとする方向に目を凝らしてみると、思いのほか中世との共通点が多いことに気づきます。

もちろん、近代の「国民国家」のもつ人民の掌握力は中世とはくらべものにならないくらい強いものです。にもかかわらず、第二次大戦直後の閉塞状態から、「国際化」がさけばれる現在にいたる日本の歩みを見ていると、国境をこえた人や物の動きは、その規模と多様さの両面において著しく拡大しました。そのことによって私たちの意識も「外」にむかって大きく開放されました。

「中世の内と外」を形容するのにぴったりの「ボーダーレス」ということばが、現代の世界を解くキーワードにもなっていることは、まことに象徴的だと思います。

あとがき

一九九九年一月一日、ＥＵ一一カ国で通用する共通通貨ユーロが市場に登場した。国境をこえると両替のため銀行の窓口にならぶ。ＥＵ圏内を旅していて、ちがう国にはいったことを唯一実感させるこの風景さえも、なくなろうとしている。おもしろい時代に生まれあわせたものだと思う。

東アジアでは、事態はまだそれほど進んでいない。国境の内／外を往来するさいのチェックは、まだまだきびしい。しかし、タイにはじまった経済危機の連鎖は、あらゆる国家が世界経済というるつぼにほうりこまれていること、そのなかでは一方の勝ちは他方の負けという常識さえなりたたないことを、教えてくれた。

国の内／外の別を絶対的だと感じてしまうのは、敗戦後の日本に生まれ成長した私たち以前の世代に特有のことなのかもしれない。この本を手にする若い人たちは、とくべつな感慨を抱くこともなく、軽やかに国境をこえているだろう。しかし私は、中世という大昔にまわりみちをして、ようやく、内／外の別が相対的なものであり、その中間には内とも外ともいえないグレー・ゾーンがあることを知った。そうした中世の姿が、いま私たちが踏みこもうとしている世界にあんがい近いことも。

この本では、右のことをいくつかの時代、いくつかの場面にそくして、語ってみた。その原型は、二年に一度、東京大学教養学部でおこなっている「日本史学入門講義」の講義ノートである。数が多いとはいえない受講者にどのていど共鳴してもらえたか心もとないが、私にとっては、歴史学の意味とおもしろさを率直に話せる貴重な機会だった。

本づくりに終始労を惜しまれなかった筑摩書房の土器屋泰子さんには、感謝のことばもない。宿題をやってこない生徒を前にした先生の落胆ぶり。くりかえしそれを見た出来の悪い生徒の「やましさ」が、渋る筆をなんとか進めてくれた。それでも当初の予定より二年近くおくれてしまった。

一九九九年一月一〇日　　　村井章介

付録　列島内外の交流史

富士川に架けられた舟橋。『一遍聖絵』（歓喜光寺蔵）

一　「海道」と『海東諸国紀』

市村高男は、中世の日本沿海は複数の「航海圏」に分割されていたとし、それを貫く幹線航路を「海道《かいどう》」と名づけ、具体的に想定される十二の海道を、中世の主要な湊《みなと》町を記入した列島地図の上に載せて見せた（図1）。市村によれば、古代〜中世の遠距離水運の特徴はつぎの三点にまとめられる。

(a)一隻の船で出発地から目的地までの全行程を一挙に航海するのではなく、船は一定の航海圏の内部を往来する。

(b)陸や島々が視認できる沿岸部をたどり、視野におさまる近隣の津《つ》・湊・泊《とまり》に寄港しながら航海する。

(c)良好な津・湊・泊は、恵まれた気象条件（海流・風波など）や地形的条件（湾・入江・内海など）をもち、各種の都市や何らかの有力消費体を背後に抱えている。

そして、中世で栄えた港湾都市は複数の海道の結節点となる場所に存在する。坊津《ぼうのつ》には沖縄・奄美海道と西九州海道、博多には西九州海道と山陰海道と瀬戸内海海道、

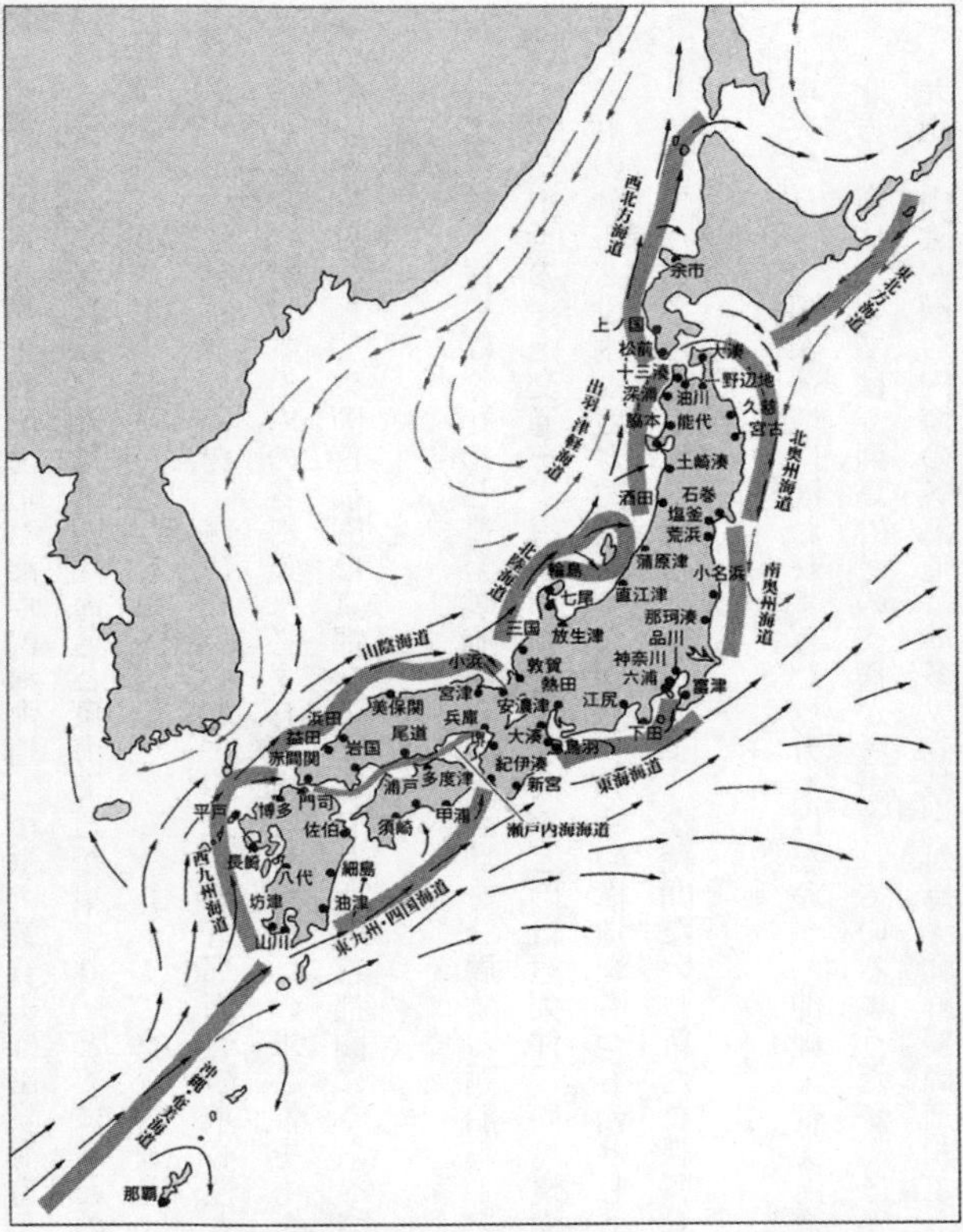

図1　日本列島沿岸の海道と主要な津、湊、泊（市村高男「十二の海道」より）

兵庫・堺には東九州・四国海道と瀬戸内海海道、小浜・敦賀には山陰海道と北陸海道、伊勢大湊・安濃津《あのつ》には東九州・四国海道と東海海道が集まり、とくにあとの三組はそれぞれ京都の西・北・東の外港として機能した。このように、多くの海道は首都京都に収斂する構造をもっていた。鎌倉を中心とする東国の首都圏への求心性もある程度認められるが、北日本沿岸の各海道は必ずしも東国首都圏への求心性をもたない。水運の体系から見ると、東国首都圏は京都を中心とした西の首都圏にくらべて劣勢に立たされていた。

この提言は、従来ばくぜんと遠距離航路とか、列島を一周する廻船ルートとか表現されてきた中世の海上交通を、海流・潮流・風波などの自然条件、列島規模の流通構造、湊町の分布と役割などと関連させながら、独特の構造をもつものとして描きだそうとした点で注目される。そこから、つぎのような疑問ないし新たな課題も浮かんでくる。

(1)現在の日本の国家領域に囚われすぎた見方ではないか。沖縄・奄美海道と東西の北方海道については、列島外との交通が考慮されているようだが、ほかにも、東九州・山陰・瀬戸内海の各海道は博多～壱岐・対馬～朝鮮慶尚道《キョンサンド》ルートと接続し、博多をはじめ東九州海道ぞいの各港湾は東シナ海を横切って中国へ向かうルートの起点でもある。日本海側の各海道も日本海を横断して大陸へ向かうルートに接続する。

(2)諸海道の特徴を、京都への求心的構造としてまとめてしまうと、〈複数の航海圏の連鎖〉というモデルを提起した意味が半減するのではないか。

(3)北陸海道と出羽・津軽海道を分ける根拠は何か。市村自身が「若狭湾と津軽半島は、北陸海道と出羽・津軽海道との有機的連関の下に直結していた可能性が高い」と述べている。この問いは、これらの「海道」設定がどれくらい恣意性を免れえているか、というふうに一般化することができる。

(4)海道ごとの物流規模や安定性のちがいはどうだったか。とくに北奥州海道はどれほど恒常的だったか。

(5)東海海道と東海道、瀬戸内海海道・山陰海道と山陽道、南奥州海道・北奥州海道と奥大道など、陸路との連携や競合はどうだったか。湊町の形成要因として、複数の海道の結節点のみならず、海陸のスイッチ地点という要素を考える必要があろう（兵庫、小浜、敦賀、肥後高瀬など）。

(6)近接する湊が海道との関係で役割を分担する場合がある。たとえば、小浜（山陰海道）と敦賀（北陸海道）、兵庫（瀬戸内海海道）と堺（東九州・四国海道）、鎌倉（東海海道）と六浦《むつら》（江戸湾内航路）など。

市村の航海圏・海道という概念の有効性を認めた上で、ここではそこからはずれる要素をとりあげることで、中世の交通をより立体的にとらえることを試みたい。まず、かの日蓮が小乗経・大乗経・法華経を船にたとえた文章を見よう（『日蓮聖人遺文』〔建治元年〕八月四日乙御前《おとごぜん》宛書状。濁点を補った）。

小乗経と申《もうす》経は、世間の小船のごとく、わづかに人の二人三人等は乗れども、百千人は不レ乗《のらず》。設《たと》ひ二人三人等は乗れども、此岸《しがん》につけて彼岸《ひがん》へは行《いき》がたし。又すこしの物をば入るれども、大なる物をば入れがたし。大乗と申は大船也。人も十二十人も乗る上、大なる物もつみ、鎌倉よりつくし・みちの国へもいたる。実経《じつきょう》と申は、又彼《かの》大船の大乗経にはにるべくもなし。大なる珍宝をもつみ、百千人のりてかうらいなんどへもわたりぬべし。一乗法華経と申経も、又如レ是《かくのごとし》。

ここで日蓮は、小乗経を人が二、三人しか乗れず、近隣にしか行けない小船、大乗経を十、二十人と大きな荷物を積んで、鎌倉から九州や陸奥まで往来できる大船にたとえ、自身が依拠する法華経は百、千人が乗って大なる珍宝を積み、高麗などへも渡れる超大船なのだという。複数の海道をまたいで遠隔地へ往来する大船の存在、そしてその延長線上に列島の外へと赴く貿易船が位置づけられている。遠距離航路を鎌倉を中心に想定している点、中国よりも高麗を貿易船の渡航先として例示している点は、京都近辺の知識階級には見られない認識構造を示している。

ここには東海海道からその西に接続する海道へ貫通する船が登場するが、そうした例は他の場所にも見いだすことができる。今川了俊《りょうしゅん》が一三七一年に書いた紀行文『みちゆきぶり』には、瀬戸内海海道の要港尾道《おのみち》に陸奥や筑紫の船が停泊しているようすが描かれているし、中世後期の文芸作品には、日本海航路を暗躍する人買船で主人公が売られ売られて行くという筋のものが多い。づし王丸姉弟の母が越後の直江津《なおえつ》から蝦夷島《えぞがしま》へ売られてしまう『さんせう太夫』は、とくに著名な例である。また、奈良絵本『ゆみつぎ』に、能登国の小屋湊《おやのみなと》（輪島市）で、主人公の少女が人商人《ひとあきんど》の手で筑紫の博多から来ていた人買船に売られるというシーンがある。この場合、航海圏は

日本本國之圖

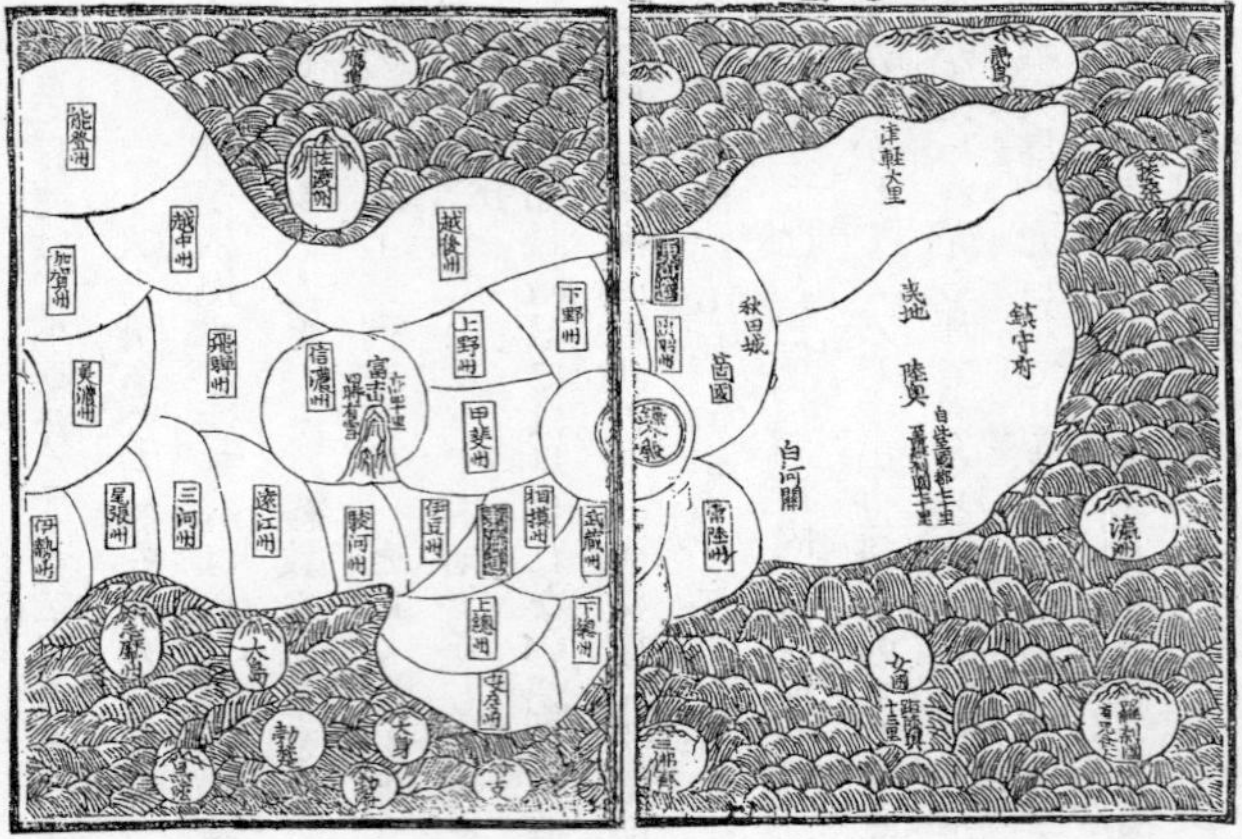

京都への求心力によって敦賀・小浜で切れるのではなく、北陸海道から山陰海道へと貫通している。

さらに、『南方紀伝』には、一四〇三年に武蔵国六浦に琉球国の船が流来したという記事があり、『御《お》伽《とぎ》草子《ぞうし》』『御《おん》曹子島渡《ぞうししまわたり》』では、陸奥国十《と》三《さ》湊《みなと》の船頭が、蝦夷島へ船出しようとする義経に「これは北国、又は高麗の船も御入候」と語っている。当時の「ヤマト」の領域外から来た船も、領域内の船に混じって海道に入りこんでいた。

一五世紀西日本の航海圏を目のあたりにさせてくれる画像がある。一四七一年、朝鮮の首相兼外相申叔舟《シンスクチュ》編の日

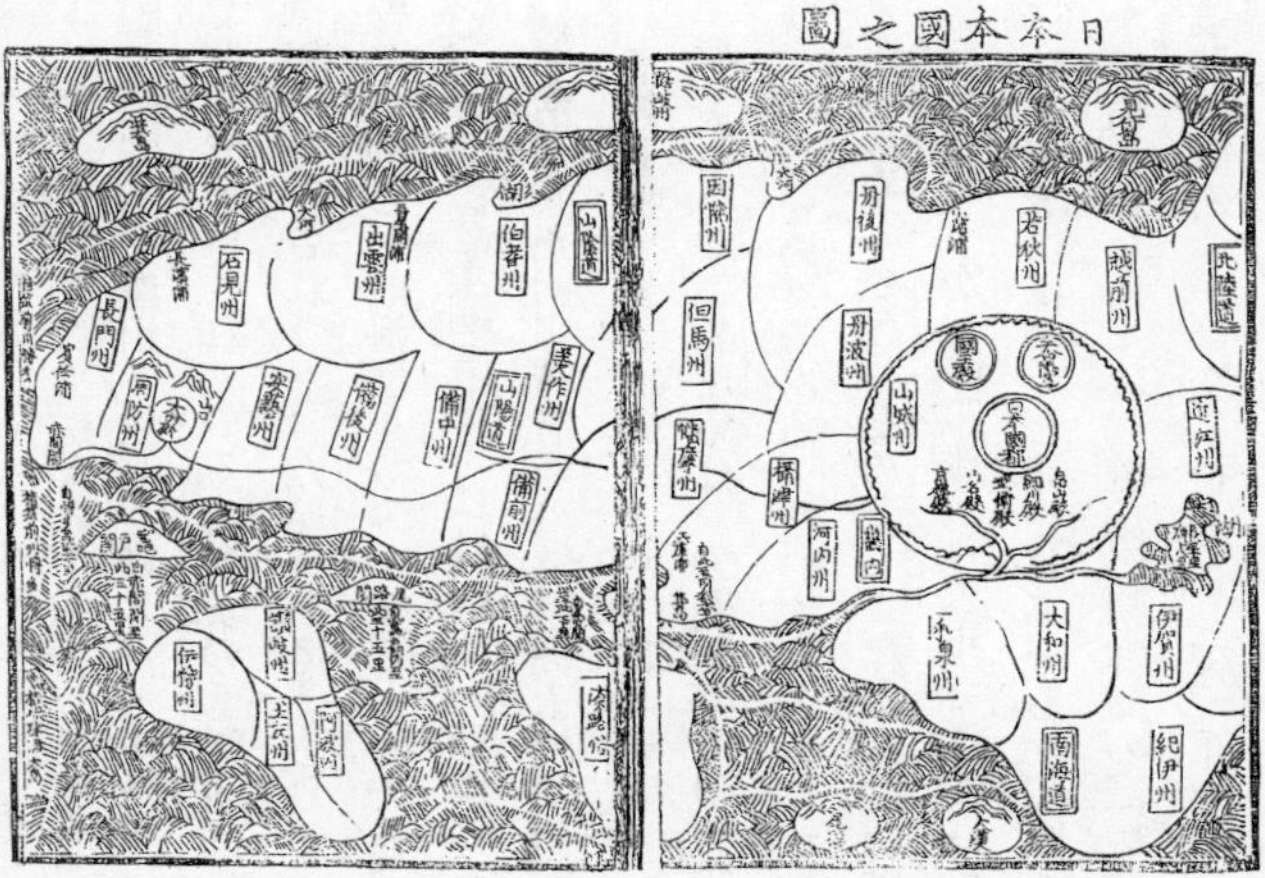

図2　『海東諸国紀』日本国の図（東京大学史料編纂所所蔵）

本・琉球地誌『海東諸国紀』に収められた、何枚かの地図がそれである。「日本本国之図」（図2）の紀伊・若狭以西、および「日本国西海道九州之図」「日本国一岐《いき》島之図」「日本国対馬島之図」「琉球国之図」には、海上に白い線で航路が描かれている。この航路は、日本の国内史資料と照合すると、そうとう正確であることが確認できる。中村栄孝《ひでたか》によれば、これらの地図は博多商人道安《どうあん》が朝鮮政府に献上した「日本・琉球両国地図」をベースにしたものであった。「日本本国之図」には、実際には活発に機能していた東日本の航路がいっさい描かれず、かわりに尾渠《びきょ》・大漢・黒歯《こくし》・勃楚《ぼつそ》・勃海《ぼつかい》・大身《たいしん》・支《し》・三仏斉《さんぶつさい》・女国・羅刹《らせつ》国・瀛州《えいしゅう》・扶桑（以上太平洋側）・鴈道《がんどう》（佐渡の北）という架空の地名がマルで囲んで配置されている。道安の活動範囲に東日本がふくまれず、そのため古い地理情報が更新されなかった結果と考えられる。したがってこの地図の航路表現から、道安の活動した航海圏を読みとることができる。道安は、日本側の史料には姿を見せないが、『朝鮮王朝実録』に頻出し、博多に本拠を置きつつ日本・朝鮮・琉球を股にかけて活躍した、当時有数の貿易商人であった。

この地図が海上交通について語ることをいくつか指摘しておこう。

何よりも印象的なのは、「琉球国之図」から「九州之図」にまたがって描かれるおびただしい島々である。そのすべてに名前が記され（なかには現在のどの島にあたるか不明のものもある）、その多くには、この海域の基準点である上松浦《かみまつら》・薩摩・大島（奄美大島）などからの距離が日本里で注記され、沖縄本島から奄美群島にかけての島々には「琉球に属す」と記されている。実際の大きさよりもはるかに大きく、存在感豊かに描かれた島々は、琉球―朝鮮間の海域で活動する航海者たちにとって、それらが航路標識あるいは交易拠点として、重要な意味をもっていたことを示している。

つぎに、道安の活躍した一部海域で航路が複線化していることが注目される。西九州海道では、ともに奄美大島から発しつつ、九州島の西海岸を伝うルートと、吐噶喇《とから》列島や甑《こしき》島の西沖合を北上するルートがある。市村の指摘する古代・中世に一般的な沿岸航法から、外海を直航する沖乗《おきのり》航法が分離しつつある状況を読みとることができる。博多—壱岐間でも、壱岐島東岸の世渡浦《せとうら》（長崎県壱岐市芦辺町瀬戸浦）を経て北岸の風本《かざもと》浦（壱岐市勝本《かつもと》町勝本）に入るルートと、上松浦から壱岐島西南の毛都伊《もとい》浦（壱岐市郷ノ浦町本居）を経て風本に入るルートとがある。同様の複線化は、瀬戸内海海道でも、山陽海岸ぞいのメインルートのほかに四国北岸ルートが見える。淡路島—紀泉間の海域ではもっと複雑で、兵庫浦（神戸市）から淀川を遡航して京都にいたるメインルートのほかに、四国・淡路島の北側および南側を通って紀州へ至る二本の並行ルートと、それにクロスして淡路島の東側を北上して兵庫に入るルートが描かれている。

博多ではなく上松浦が北九州海域の基準点になった理由は、琉球・西九州方面から見て、朝鮮半島を目ざすルートと博多を経て瀬戸内海海道や山陰海道に入るルートとの分岐点という、道安らの活動にとってきわめて重要な意味をもっていたからである。

このように道安の活動のなかで、「ヤマト」の領域外からのルートは、国内の海道に切れめなくつながっていた。他方、この地図には東シナ海を横断して中国をめざす航路が描かれていない。朝鮮政府にそのことに対する関心がなかったためとも考えられるが、道安が対中国貿易に関与していなかった(勘合貿易に食いこめなかった)ことの反映と見たい。

右に述べた紀州へ至るルートは、東海海道と接続して東日本へと延びるはずだが、行き止まりになっている。同様に、山陰海岸航路も若狭の小浜が終点で(地図では白い線が丹後に入って終わっているが、その右の「小浜浦」につなぐべきを誤ったのだろう)、それより東には延びていない。東日本には湊が一つも記されないことにも表れているように、紀伊・若狭以東が道安の活動範囲外だったためと考えられる。同時に、紀伊と若狭が海道の終点であり、そこへ至った船は引き返すのが基本だったという市村説を支えるデータでもある。そうなると、小浜に匹敵するほどの、二つの海道が接触する重要な湊が、紀州にあったはずである。豊富な木材を使って中世から造船が行われていた日置川河口近くの安宅《あたぎ》庄(和歌山県白浜町安宅)など、いくつか候補はあるものの、特定するには至っていない。

二　中世の水陸幹線交通路

さいきん、中世における長距離水運の隆盛がしばしば強調されるが、そこには網野善彦の「おそくとも鎌倉前期には、日本を一周する廻船のルートは、すでに成立していた」という提言が大きく影響している。その積極的な意義を否定するわけではないが、網野の言説は、あたかも江戸時代の西廻り・東廻り航路のような恒常的物流ルートが、中世にすでにあったかのような印象を与え、その結果、海道ごとの比重のちがいや、陸上ルートとの補完・競合の関係が、見逃されがちになったことは否めない。市村の海道論は、同一の船が日本を一周するような長距離を航海したわけではないことを強調する点で、網野への批判となっているが、提出された海道図はどの海道もおなじ比重で機能していたかのような描かれ方である。

かつて私は、常滑焼《とこなめやき》の広域流通を考えるなかで、北上川を遡り奥大道で津軽に抜ける内陸ルートが、三陸海岸を通る海上ルートに優越している、というかつての発掘データをふまえ、北奥州海道が恒常的な廻船ルートとして成立していたとは考えがたい、と述べた。ところが、さいきんの研究成果を集約した『いくつもの日本Ⅱ　あらたな歴史へ』所収の羽柴直人「平泉」によると、三陸沿岸の何カ所かで東海産陶器の出土が確認され、平泉で出土する能登の珠洲《すず》系陶器も、陸奥湾の外浜《そとがはま》を起点とする航路（市村のいう北奥州海道）を経て、石巻から北上川を遡って運ばれた可能性があるという。この論は、北上川・奥大道を経て外浜へのルートが北奥州海道と接続して平泉を中心とする周回ルートを作っていた可能性や、一二世紀の外浜に拠点的な湊が形成されていた可能性をも提起している。

大胆な推測をふくむこの提起についてはさらに検討が必要であろうが、水陸の補完関係や東北地方内部のある程度自己完結的な物流ルートという発想は、のっぺらぼうな水運隆盛論を乗り越えていく積極的意義がある。

ただし、陸奥湾周辺や道南の遺跡で珠洲系陶器が東海産陶器に優越していることが、東日本の長距離航路で太平洋側よりも日本海側が優勢であったことを示すとすれば、双方の比重差をふくんだ全体像の認識が必要であろう。中世後期の文芸に登場する長距離航路が圧倒的に日本海側のそれに偏っている（前述の『さんせう太夫』『ゆみつぎ』のほか、幸若舞曲《こうわかぶきょく》『信太《しだ》』や説経節『をぐり』などがある）ことも、参考となろう。

以下この節では、中世で相対的に優勢だったと思われる幹線交通路四つを選び出し、概観を試みたいと思う。

(1)博多から京都へ

中世の三大都市である博多・京都・鎌倉をつなぐルートの重要性は言をまたないが、京都—鎌倉間では東海道の陸路が、とくに人の旅する道としてはメインだった(後述)のに対し、博多—京都間では、「大きな川」瀬戸内海のおかげで、旅の手段も船が優勢だった。その好例として、一四二〇年にソウル—京都間を往復した朝鮮の外交官宋希璟《ソンヒギヨン》が書いた紀行詩文集『老松堂日本行録』を一瞥《いちべつ》しよう。

この作品からは、「悪浪洶湧《きようよう》として覆没するに幾《ちか》し、終夜労苦す」「崖下に立泊して夜を過し生を得る」「数月船に乗るも尽《ことごと》く水程」といった旅の苦しみや、風と賊に阻まれて尾道に二〇日間も滞留を余儀なくされるといった無聊《ぶりよう》をうかがうことができる。また、雉《きじ》の声にすわ海賊かと怯えたり、水手《かこ》が海賊の襲撃にそなえて礫《つぶて》を拾ったりなど、海賊の脅威が描かれる一方で、安芸の蒲刈《かまがり》を通過した際には、博多商人宗金《そうきん》が銭七貫文を払って海賊を同乗させ、無事に通行するといった興味深い記事もある。湊の情景としては、「僧舎は山麓に依り、人居は水汀に傍《ほとり》す」という表現が定型句のように三カ所に見えるほか、「人居稠密」「板屋蜂屯《ほうとん》」という町並みが眺められ、「発船・泊船に皆角《つの》を吹く」という音も聞こえてくる。湊町での人的交流としては、赤間関《あかまがせき》(下関市)で尼から慇懃《いんぎん》に酒を勧められたり、尾道の禅僧と香と茶と詩で交わったり、赤間関に僑寓《きょうぐう》する朝鮮人から僧尼が同宿する時宗《じしゅう》寺院の秘話を聞いたり、といった記事がある。

一方、山陽道の陸路については、さきほどふれた『みちゆきぶり』に、了俊が九州の南党討伐軍を率いてゆっくりと西下するようすが、歌をまじえて描かれている。このうち瀬川(大阪府箕面《みのお》市)などを経て湊川(神戸市)までの西国街道は、宋希璟一行も逆方向で利用しているが、淀から淀川を下って河口の尼崎に出る方法も、宋希璟一行が帰路で使ったように、一般的であった。了俊は播磨の飾磨《しかま》を過ぎた川の畔《ほとり》で石の塚を見かけたが、この道を初めて通る旅人はかならず、近くの社の神前にある「物のかた」を手にとって、この石塚を回ってのち、男女のまぐわいのまねをしてから通るのだという。

榎原雅治によれば、播磨・備前・備中三国には「宿」のつく地名が東西にきれいに並んで残っており、中世の山陽道のルートが復元できるが、備後以西になると消えてしまうという。この現象は経済的というよりは政治的な交通を反映しており、とくに「京都と国元を往還する奉公衆や守護被官たちの交通をささえるインフラとして」整えられた交通路と宿駅ではないか、と榎原は推理する。

戦乱が続いた室町時代には、山陽道や瀬戸内海海道は山賊・海賊の巣となり、また合戦もしばしば起こって、安全性の面で問題が多かった。これに代わるルートとして重要性が増したのが、山陰海岸を伝う海陸の道である。応仁《おうにん》・文明《ぶんめい》乱末期の一四七六年、宣慰使《せんいし》として朝鮮から対馬に渡った金自貞《キムジャジョン》は、朝鮮から「護軍」の軍官をもらっていた壱岐の人三郎太郎に「わが国の使船は日本国王の居所に到達することができるか」と問うた。三郎太郎はこれにつぎのように答えている（『朝鮮成宗実録』七年七月丁卯《ていぼう》条）。

南路は兵乱あり、散じて統紀なく、必ずや海賊の掠する所とならん。もし一岐《いき》州より北海によりて行かば、則《すなわ》ち風便ならば八日にして若狭州に到るべし。若狭州より陸行三息にして伊麻豆（今津）站《たん》に至り、船に乗りて水路より行き、三息にして沙可毛道（坂本）站に至り、陸行一息にして国王の処に至る。博多・一岐の商人は皆此《こ》の路によりて往来す。大国もし通信使を遣わさば、われまさに指路（水先案内）すべし。

「南路」は瀬戸内海航路を指している。三郎太郎の推奨するルートは、朝鮮から対馬を経て壱岐に渡り、壱岐からどこかで――常識的には博多だが、戦乱を避けてわざと別の場所を選んだかもしれない――山陰海道に入り、若狭の小浜で上陸して、九里《くり》半《はん》街道で琵琶湖西岸の今津に出、船に乗りかえて坂本（大津市）に着き、峠越えで京都に至る。博多や壱岐の商人はみなこのルートで往来しているという。

一五七五年に薩摩から京都、伊勢神宮を訪れた島津《しまづ》家久《いえひさ》は、往路に山陽道、復路に山陰道を利用したが、陸路と水路を複雑に組み合わせて旅行している（『家久君上京日記』）。復路だけ見ておくと、摂津の池田から北上して、丹波のあけの（兵庫県篠山市明野）、但馬のやなせ（兵庫県朝来《あさぎ》市山東町矢名瀬）、因幡の若狭（鳥取県若桜《わかさ》町）などを経て、鳥取で日本海岸に出た。その後船を使った部分は、水無瀬（鳥取市青谷町）から伯耆《ほうき》の大つか（鳥取県琴浦町逢束《おうつか》）まで、よなこ（米子市）から中海《なかうみ》・宍道《しんじ》湖をたどって出雲の平田まで、石見《いわみ》の温乃津《ゆのつ》(鳥取県大田市温泉津町)から浜田まで、そして浜田から一気に肥前の平戸へ至っている。とうぜん一艘の船を通して使ったわけではなく、「便船《びんせん》」をつかまえての旅である。

(2)「首都圏」の交通網と外港

多くの海道や陸路が集まってくる京都とその近郊では、かなり高度にシステム化された交通体系が見られた。早くも平安時代なかばの『新猿楽記』に、馬借《ばしやく》・車借《しやしやく》の活動が、京都を中心に「東は大津・三津(坂本)に馳せ、西は淀《よど》渡・山崎を走る」という範囲で行われていたことが見えている。これらの交通都市は、みな京都の外港という性格をもち、狭い意味での「首都圏」の入り口であった。その内部では、水陸を組み合わせた複雑な交通体系が成立し、作り道・運河など人工的な交通路の造成や車のひんぱんな利用など、進んだ様相が見られた。一二八〇年に鎌倉へ旅した飛鳥井《あすかい》雅有《まさあり》は、京都の家を車で出発し、法勝寺《ほつしようじ》の南門で馬に乗りかえ、粟田口《あわたぐち》を経て東へ向かった(『春能深山路《はるのみやまぢ》』)。京の東玄関にあたる粟田口は交通の要衝で、路面を掘り下げて通行を容易にしてあった。『海道記』は、出京のようすを「粟田口ノ堀路ヲ南ニカヒタヲリテ（折れ曲がって）、遇坂山《おうさかやま》ニカ、レバ、九重ノ宝塔（法勝寺の塔）ハ北ノ方ニ隠レヌ」と記している。

淀や坂本で営業する問丸《といまる》は、各地から運ばれてくる年貢や公事《くじ》を預かり、必要に応じて京都の本所のもとへ届ける業務を担った。彼らは、やがて預かった年貢・公事をそのまま本所に渡すのでなく、適宜運用して利益を上げるようになる。本所側にとってもその方が利便なことが多かった。その際、問丸は割符《さいふ》（為替）を振り出して信用取引を保証する主体ともなった。

たとえば、遠江国村櫛《むらぐし》荘の本家である東寺は、一四四六年分の年貢として材木を受け取った際、淀の問丸に人を遣って、車力（車借）を雇って寺家まで運ばせている（『東寺百合文書《ひゃくごうもんじょ》』る函）。この場合、材木が遠江から紀伊半島を回って淀まで船で運ばれた可能性もあるが、村櫛荘は浜名湖に突きだした半島にあり、林業がさかんだったとは思えない。むしろ、淀の問丸が村櫛荘領家職をもつ天龍寺の荷として材木を預かっており、天龍寺はこれを本家年貢に転用したと考えるべきだろう。また、淀―東寺間の材木輸送に車力を雇っている点に、「首都圏」の交通網の一端がうかがわれる。

山陰・北陸海道の終点小浜・敦賀からのルートも、美濃や伊勢から来るルートも、

ながら述べる。

峠越えで琵琶湖岸に出る。そこで船に乗りかえて湖を横断し、大津や坂本に至るのが、中世では一般的だった。琵琶湖にはきわめて多様な渡海ルートが成立し、湊の多くでは馬借・車借や問丸などの物流業者が営業していた（図3）。以下、桜井英治によりながら述べる。

小浜からは今津（古くは木津《こづ》）に、敦賀からは海津《かいづ》または塩津に出た。若狭から京都へは、さいきん「鯖街道」の名で有名になった朽木《くつき》越えなどの陸路もあったが、大量の物を運ぶには琵琶湖の水運を利用するのが効果的だった。たとえば、東寺領若狭国太良庄《たらのしょう》（小浜市）の年貢は、木津から大津へ船で運ばれている。

東からは、平方・朝妻・薩摩・島・志那《しな》・山田・矢橋《やばせ》など湖東の多くの湊が利用された。戦国時代に東国下向をくりかえした貴族山科言継《やましなときつぐ》は、一五三三年には往路に坂本↓志那、復路に朝妻↓坂本、一五五六年には往路に坂本↓志那、復路に志那↓坂本、一五六九年にはともに往路で坂本↓朝妻と坂本↓島、一五七一年には往路に粟津↓矢橋と、多彩なルートで船を利用している（『言継卿記』）。大津・粟津から山田・矢橋へはきわめて短い距離だが、謡曲『自然居士《じねんこじ》』で人買商人が、岸から呼ばわった自然居士に対して、「これは山田・矢橋の渡し舟ではなきものを、なにしに招かせたまふら

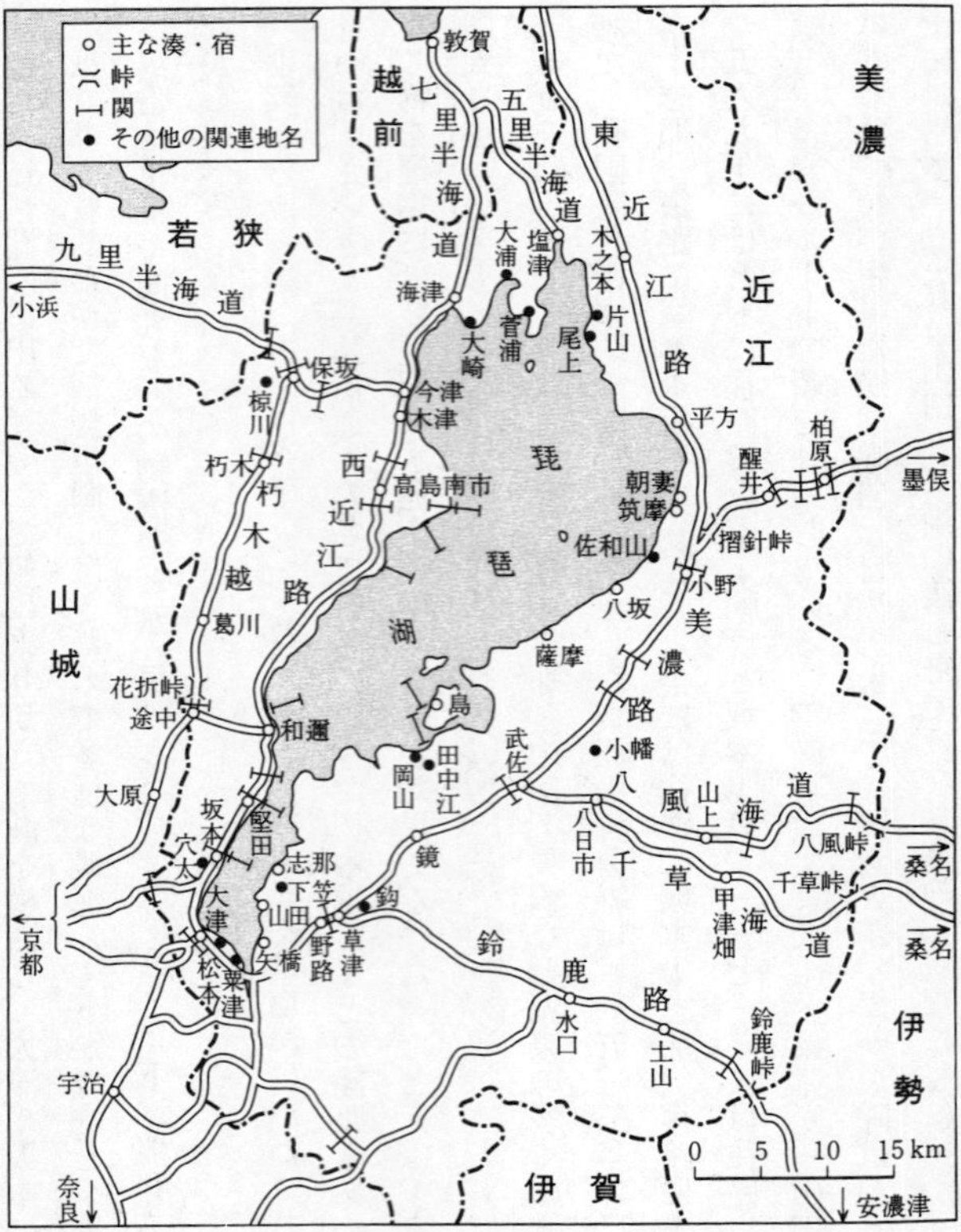

図3　近江の交通路（桜井英治「琵琶湖の交通」に加筆）

ん」と答えているように、旅人は渡し舟を利用するのが普通だった。

琵琶湖の水面における諸活動に大きな権利を持っていたのが堅田《かたた》である。堅田は、湖の東西の幅が狭まって北湖と南湖とをわかつくびれの西側にあり、北湖の諸湊から京都へ向かう船はかならずここを通る。堅田の住人は海賊として恐れられる一方、通過する船から礼物を取って見返りに安全通行を保証する活動を行って「上乗《うわのり》」と呼ばれた。上乗はこれによって財力を築く一方、湖に関わる各地の住人たちの紛争を調停する「法の番人」という側面ももっていた（『菅浦文書《すがのうら》』）。堅田住人たちの信仰の場、結集の場として開かれた浄土真宗本福寺に伝わる『本福寺門徒記』『本福寺跡書《あとがき》』などの記録には、戦国時代、堅田の人々が、因幡《いなば》や能登《のと》などの遠隔地に赴いて、多彩な活動を展開していたことが見える。住人のうちには、堺に進出して紺屋《こうや》を営み、「唐人屋」を屋号とした一族もいる。

比叡山延暦寺（山門、その構成員を山徒という）は、近江から京都への物流ののど元を押さえることで、全国的な流通にも大きな影響力をもっていた。京都で土倉《どそう》などの金融業を営む業者はほとんど山徒だった。また近江は叡山のお膝元ともいうべき国で、湖岸の湊町で営業する業者の多くも山徒だった。たとえば一五世紀後半、静住《じょうじゅう》房憲《ぼうけん》舜《しゅん》という山徒は、高利貸業を営む一方、東坂本の「馬借年預《ねんよ》職」と今堅田の「上乗職」を兼ね、幕府の政所《まんどころ》執事伊勢氏の御倉《みくら》（倉庫管理業者）でもあるという、多面的な経済活動を展開している。

　大阪湾岸から淀川を遡航して、あるいは西国街道をたどって京都を目ざす荷が、いったん下ろされるのが、淀や山崎である。淀には早くから関が設けられ、魚市も開かれていた。また、ここの住人は、淀川筋をおもな縄張りとする「商売船十一艘」を所有しており、兵庫関における関料免除を幕府から認められていた（『兵庫北関入船納帳』）。小林保夫・田良島哲によれば、彼らは、ほど近い石清水《いわしみず》八幡宮の神人という身分をもち、関所通過をはじめさまざまな特権を与えられていた。また、山崎の住人は、石清水の末社である離宮《りきゅう》八幡宮を本所として油座を組織し、全国的な荏胡麻《えごま》油販売の独占権を認められていた。ここにも、大津・坂本の問丸が延暦寺の山徒であったのと同様、物流業者と有力寺社権門との奉仕／保護の関係が見られる。

　京都の北東の守護神である延暦寺と南の守護神である石清水八幡は、それぞれのもとに物流業者を組織して、全国的な流通網の要を握っていた。一二一九年、筑前大山《たいせん》寺《じ》の寄人《よりゅうど》（神人《じんにん》とも）になっていた宋商人張光安《ちょうこうあん》が、筥崎宮《はこざきぐう》の留守職《るすしき》父子に殺されるという事件が起き、大山寺の本寺である山門が、筥崎宮の本社である石清水八幡宮の権別当宗清《そうせい》の罷免を要求して、朝廷に強訴するという騒ぎになった。事件の原因は日宋貿易の利権争いと想像されるが、それが寺社権門の流通支配と結びついて、「中央」における二大権門の対立へと波及していった。このように、寺社の本末関係と商人たちの人的関係が表裏をなして、全国的な流通構造ができあがっており、そこでは外国人も排除されてはいなかったのである。

(3) 京都―鎌倉

幕府が鎌倉に置かれたことによって、京都と鎌倉をつなぐルートは、二つの「首都」を結ぶ幹線として、特別な重要性を帯びることになった。鎌倉にもう一つの政治的中心が生まれたことは、都《と》／鄙《ひ》という文化的優劣の座標軸に微妙な変化をもたらした。『東関紀行』の作者は、三河の笹原で北条泰時《やすとき》が「道のたよりの輩《ともがら》におほせて植へをかれたる柳」を見て、「いまだ陰とたのむまではなけれども、かつがつまづ道のしるべとなれるも哀也《あわれなり》」と、徳政を讃えている。

鎌倉幕府の裁判は、道理に基づく判断を標榜して、京都の朝廷を上まわる道徳性が期待された。『十六夜《いざよい》日記』は、一二七九年に作者阿仏《あぶつ》が亡夫の遺領相続をめぐる訴訟のため鎌倉に赴いた際の紀行であるが、旅立ちの心情を「東《あずま》の亀の鏡《かがみ》に映さば、曇らぬ影もや顕はるゝと、せめて思ひ余りて」と述べている。また『東関紀行』には、「望む事ありて、鎌倉へ下る筑紫人」が、遠江の舞沢原《まいさわはら》の観音に願をかけ、望みかなって御堂を造り、人が多く参詣するようになった、という話が紹介されている。『蒙《もう》古襲来絵詞《こしゅうらいえことば》』の描く肥後国御家人竹崎季長《すえなが》も、そうした筑紫人の一人だった。

飛鳥井雅有が『春能深山路』に書いた一二八〇年の東下りも、「東宮《とうぐう》御前にて関のあなたにて申《もうす》べき事がきなど給《たまい》ぬ」とあるから、おそらく東宮（後の伏見天皇）の即位を実現させるための根回しが目的だった。『春能深山路』末尾の紀行部分には、交通史の史料になる貴重な記事が多い。

近江路はしぐれれば水に浸かる悪路が多かった。雅有は「山のまへ」の道を「こまのひづめかくるゝほどなる水を、ながれのまゝに十よ町もやゆくらん。ふみあげらるゝ水のさはぎにいたく袖はぬれぬ」と描いている。『十六夜日記』にも「夜もすがら降《ふり》つる雨に、平野とかやいふ程、道いとゞわろくて、人通ふべくもあらねば、水田の面《おも》をぞさながら渡り行く」とある。愛知川《えちがわ》のあたりでは、「人も馬もあしのふみ所もなくすべりてわろき」あまり、「かたゝか（片高）なる所のことにすべる」地点で、ついに馬が「四のあしをひとつにしてたふれ」、雅有は「身のしろ衣袖《ごろも》もしとゞになっ」ってしまった。しかし一方で「こと（異）馬にのりかへてぞゆきける」とあって、ただちに別の馬が確保できる程度の整備は行われていた。災難はこれで終わらず、笠《かさ》縫《ぬい》川の「いとせばくて、たゞ板一をわたした」る橋では、引かせていた馬が川に落ちた。こういう事故はめずらしくなかったらしく、供の者がすぐ「とび入ておよぎつ、ひき上」げた。

東海道は墨俣《すのまた》で長良川を渡って、美濃から尾張に入る。阿仏は、『うたたね』の旅では渡し舟を利用したが、『十六夜日記』の旅では、「舟を並べて、まさきの綱にやあらん、かけとゞめたる浮橋あり。いと危うけれど渡」った。川幅の広いところに橋を架けるには、当時の技術では、たくさんの舟を横に並べて綱で繋ぎ、綱の端を川縁の杭に固定し、舟の上に橋板をのせる浮橋・舟橋がせいぜいだった。『一遍聖絵《いっぺんひじりえ》』に富士川に架けられた舟橋の絵があって、構造がよくわかるが、少し下流で運行する渡し舟のほうがよく利用されたらしく、河畔の家並みは舟橋の岸にはなく、舟付場の岸に見られる（章の扉参照）。当然ながらこういう橋は不安定で、阿仏の翌年雅有が来たときはもうなかった。一四一八年正徹《しょうてつ》は墨俣で舟を利用したが(『なぐさめ草』)、一四三三年足利義教《よしのり》の富士遊覧の際には、「舟ばしはるかにつゞきて、行人征馬《こうじんせいば》ひまもなし」という情景だった(尭孝《ぎょうこう》『覧富士記』)。舟橋は、義教のような貴人の渡河の際に、臨時に架けられるだけと考えたほうがよさそうだ。

今の名古屋市東南部の鳴海《なるみ》は、渚を道が通り、干潮を待って通過する難所だった。雅有は「今ひはじ(干始)むれば、馬のひづめつ(浸)くばかりになみながれ」るなかを通っている。『海道記』にも、「朝ニハ入塩ニテ、魚ニ非ズバ游《およ》グベカラズ、昼ハ塩干潟、馬ヲハヤメテ忩《いそぎ》行ク」とある。雅有は、三河の八橋《やつはし》宿を過ぎて、「うら(浦)路はれいの浪のせきもりゆるすひまなければ、山路にかゝ」った。海岸づたいの道は満潮で通れなくなる可能性があるのを、「波の関守」としゃれて表現している。ただし山道は「あらぬみち」で、「せばき道のかた〳〵(片方)はがけにて、海みおろさるれば、あやうきことそぞ(木曾路)のはし(梯)よりも、猶《なお》心ぞうらびれゆく」体だった。

このような路線の複数化は、『十六夜日記』に「足柄山は道遠しとて、箱根路にかゝる」とあるのをはじめとして、随所に見られた。『東関紀行』によれば、三河の豊川宿は「昔よりよ（避）くる方なかりしほど」の賑わいだったが、「近き比《ころ》より俄《にわか》に渡《わた》ふ津《ど》の今道といふかたに旅人おほくかゝるあひだ、今はその宿は人の家居をさへほかにのみうつす」というさびれようだったという。豊川宿の南よりにあたらしい道ができ、それが豊川を渡る地点に「渡ふ津」という新宿が形成された。

中世最大の幹線道路東海道でさえ、このように覚束《おぼつか》ない状態だったから、とくに大量の物資を輸送するには、もっぱら船が利用された。伊勢と東国の間を、伊勢神宮の保護を受けた「神船」が往来し、年貢米ほかの物資を運んでいた。一三九二年に武蔵の品川津に入港した三〇艘の「湊船」のなかに、名称や所有者が伊勢に関係する船が多くふくまれている。また、文学僧万里《ばんり》集九《しゅうく》の『梅花《ばいか》無《む》尽蔵《じんぞう》』に、一四八八年伊勢方面の船が品川の浜で沈没して、数千石の米が海底に沈んだことを詠んだ漢詩がある。

伊勢における最大のターミナルは神宮の外港である大湊だったが、陸路にスイッチして京都方面へ運ぶには、より伊勢湾の奥に位置する桑名や安濃津（津市）で陸揚げされた。そこから街道を利用する陸送には、近江商人たちの座が活躍した。

大湊より先、海路はさらに熊野・紀州方面へと延びていた。紀伊半島と東国とのつながりは深く、室町時代の品川で有徳人として名をなした鈴木・榎本両氏は熊野の出身である。また戦国時代、東国大名は水軍を編成するにあたって、この方面の海上勢力を大枚払って雇い入れた。後北条氏の梶原《かじわら》水軍は熊野の出身、武田氏の小浜《おばま》水軍は伊勢の出身である。潮岬《しおのみさき》を回って半島の西岸に出ると、日置《ひき》川流域の安宅《あたぎ》荘に安宅氏、三箇《みか》荘に小山《こやま》氏という水軍領主がいるが、小山氏の先祖は下野《しもつけ》の小山《おやま》氏だとされる。高橋修は、鎌倉末期に熊野水軍の蜂起鎮圧のため幕府によって派遣されたことを契機に、東国御家人小山氏がこの地域に関わるようになったのではないか、という仮説を提起している。

安宅荘あたりまでくれば、前述のように東九州・四国海道や北上して大阪湾に入る航路に接続する。後者は兵庫に向かうほか、淀川を遡航して淀に着き、車も通る道を通って京都に至る。

(4)中世の北〝海〟道

敦賀や小浜を発して日本海沿岸を東へたどり、陸奥や蝦夷島に至る海道は、太平洋側のそれを凌駕する表通りだった。陸奥十三湊を本拠とする安東康季《あんどうやすすえ》が、一四三五年に焼失した小浜の羽賀寺《はがじ》の再建に力を尽くして、「奥州十三湊日之本《ひのもと》将軍安倍康季」

の名を『羽賀寺縁起』に留めたのも、この海道のゆたかさを彷彿とさせる。

貞応《じょうおう》二（一二二三）年の年紀をもつ「廻船式目」は、じつは中世後期以降に成立した船法（海商法規）で、摂津兵庫の辻村新兵衛、土佐浦戸《うらど》の篠原孫左衛門、薩摩坊津の飯田備前の三人が「天下へ召し出され」て口述したものとされる。その一本には天《てん》正《しょう》九（一五八一）年九月十八日付の奥書があって、「三津《さんしん》」として伊勢の姉津（「安濃津なるへし」の注記あり）、博多の宇（今?）津、泉州の境（堺）津、「七湊《しちそう》」として越前の三国《みくに》、加賀の本吉《もとよし》（「イマ三馬《みま》なるへし」の注記あり）、能登の輪島（「ヲヤ小屋なり」の注記あり）、越中の岩瀬、越後の今町（「ナヲヤ直江なり」の注記あり）、出羽の秋田、奥州の十三湊が列記されている。中世最末期のおもな湊津の名が知られる貴重史料だが、「七湊」はみな右の海道の要港である。そんなわけで、中世では、古代以来の北陸道の名称よりは、北〝海〟道のほうがよほどぴったりくる。

北〝海〟道がひとつながりの線としてあらわれてくるおもな史料は、中世後期の文芸作品である。そこでは、哀れな主人公が売られ売られてゆく道行きとして（義経物語の場合は逃避行として）、描かれることが多い。幸若舞曲『信太』（a）・説経節『をぐり』（b）・幸若舞曲『笈《おい》さがし』（c）の三作品にあらわれる北〝海〟道の湊町を、西から列挙してみよう。若狭では小浜(a)、越前では敦賀(a・b・c)・三国湊(a・b)、加賀では小松(b)・本折《もとおり》(b)・宮腰《みやのこし》(a・b・c)、能登では小屋湊《おやのみなと》(a)・珠洲岬(b・c)、越中では氷見《ひみ》(b)・六動寺(b・c)・放生津《ほうじょうづ》(c)・水橋(b・c)・岩瀬(b・c)、越後では直江津(c)、陸奥では外の浜(a)。ただし、(c)の珠洲岬―岩瀬間は陸路上の地名として所見する。

加賀・越中・越後の守護所が置かれて、政治的中心の機能をもになった宮腰津・放生津・直江津については、拙稿「中世の北〝海〟道」でくわしく述べた。東四柳史明《ひがしよつやなぎふみあき》によれば、佐渡(世阿弥『金島書《きんとうしょ》』)・直江津・富山湾内の各湊・七尾湾内の各湊へ向かう航路が分岐する重要ポイントであった珠洲岬には、狼煙《のろし》の設備が設けられ(現在も地名として残る)、航海安全を祈る神として高座宮《たかくらのみや》(須須《すず》神社)が祀られた。また、博多から人買船が入港した小屋湊(輪島)では、戦国時代、「金融や海運業にかかわりをもつ商人的山伏」玉蔵坊英性《ぎょくぞうぼうえいしょう》が、能登守護畠山《はたけやま》氏被官温井《ぬくい》氏の代官として、町を支配していた。

海岸線が比較的単調で砂丘の発達する北〝海〟道は、いっぽうで「潟《かた》」の世界でもあった。砂丘の裏側を走る潟や川は、静かな水面が湊となるいっぽうで、陸路も併用しながら水面をつなぐ物流のルートとして利用された。坂井秀弥によれば、大平野が広がり、信濃川・阿賀野《あがの》川という大河が随所に潟をつくりながら海に注ぐ新潟周辺では、戦後になっても往来に船が利用されていたという。一五六三年、醍醐寺《だいごじ》のある僧は、この地域を川や潟を通う船を利用しながら旅行している。船賃は、渡し舟なら一〇文、川船を三五キロほど利用すると一〇〇文だった（国立歴史民俗博物館所蔵『永禄六年北国下り遣足帳』）。また、秀吉の朝鮮出兵のころ、加賀前田家の奉行は、豊臣家からの指示で越前国境江沼郡の米を敦賀に運ぶに際して、三国湊の問丸にこう依頼している（『森田文書』）。

> 山城（山中長俊、豊臣政権の勘定方奉行）手前江沼郡の米、北方（北潟）まで川舟にて差し上《のぼ》させ、それより三国まで駄賃馬にて遣わし、三国より舟にて敦加（敦賀）へ指し上させ申したく候条、其元《そこもと》御馳走（奔走）頼み入るの由、山城申され候。

米は川舟に積んで大聖寺《だいしょうじ》川を下って吉崎から北潟に入り、北潟の奥で駄賃馬に積み替えられて三国湊に運ばれ、さらに海船で敦賀まで届けられる手はずであった。川や潟を利用する内水面ルートは、現在よりはるかに潟の面積が広かった中世では、さかんに利用されていただろう。とくに海の荒れる冬場には、海路のサブ・ルートとして有用だったにちがいない（右の文書の日付は正月十日である）。右の依頼状の別条からは、軍事目的による米の大量輸送に対応しうる海船の運航があったことや、船賃・駄賃もある程度の相場ができていたことも知られる。

長距離航路を補完するローカルなルートもあった。前田利家は、西海《にしうみ》から府中（七尾）に至る能登半島沿岸の在所一〇カ所に対して、領内の住民が船で他国へ赴くことを禁じ、違反者を捕らえて連行するよう、命じた（『三輪文書』）。ここに、珠洲岬から西は輪島・三国湊方面、東は佐渡・直江津・岩瀬などへ直行するメイン・ルートに接続するかたちで、能登半島南側の各地をつなぐルートが存在したことが、あらわれている。

三　掘り出された中世湊町

近年、中世湊町の研究は著しい進展を見せているが、それを牽引したのは、文献の解釈よりは圧倒的に考古学的調査の成果であった。文献からはとうていうかがい知ることのできない湊町や物流の具体像が、発掘によってつぎつぎと明るみに出され、それは今も続いている。しかも従来はほとんど注目されていなかったような場所が、中世では重要な湊だったことが判明するという事態があいついだ結果、われわれの視野に入ってくる中世の湊は、日々その数を増している状態である。たとえば、八郎潟東岸に位置する秋田県井川町の洲崎遺跡では、井戸枠に再利用されていた中世の刳船《くりぶね》(舟を輪切りにして二枚を船底を外側にして組み合わせて井戸にする)や、人魚(?)を墨書した板が出土するという、意表を突く発見があった。

湊としての重要性の点でも、遺物の量においても、もっとも注目すべき事例は、おびただしい発掘現場がある博多遺跡群であろう。しかし、『いくつもの日本Ⅱ あらたな歴史へ』に大庭康時「博多」が用意されているので、ここでは、考古学的所見の比重がなかでも高かった二つの事例を、簡単に紹介することとしたい。

(1)津軽十三湊

中世、津軽平野から北流する岩木川からいったん十三湖《じゅうさんこ》に入った水は、海岸と平行に走る砂州の先端を回って前潟に入り、約四キロ南下して西に折れ、日本海に注いでいた。現在青森県五所川原市に属する十三湊は、この砂州の先端部から中ほどにかけて展開した湊町で、前述のとおり戦国期に「七湊」の一つに数えられた。北方交易の覇者安藤氏が、本拠の一つを置いた場所である。安藤氏は北条氏の被官として蝦夷管領となり、中世国家の〈北の押え〉に当たると同時に、北海道・サハリンから大陸にまで届く視野をもつ自立的な通交者であった。

またここは、出羽・津軽海道の終点であると同時に、蝦夷島へ渡り西北方海道へとつながる交易ルートの起点であったとされる。しかし、十三湊からは、北陸方面から運ばれた遺物は大量に出土するが、アイヌ系の遺物はきわめて少ない。和人系・アイヌ系の遺物が混在する状況は、もっと北の大川・大浜中遺跡(北海道余市町)や勝山館(同上ノ国町)で認められる。北方交易のターミナルという十三湊の評価は、再検討を要するようだ。

一九九一年以来、国立歴史民俗博物館と富山大学を中心に十三湊の総合調査が行われ、一応の結論として、一四世紀末～一五世紀前半の最盛期における「都市プランの想定復元図」(図4)が示された。それによると、砂州の中央を南北に中軸街路が走り、砂州の先端から南へ八〇〇メートルほどのところに、砂州を横断して土塁と堀が設けられている。土塁の北に隣接して、堀でかこまれた一辺一〇〇メートルほどの領主館があり、安藤氏の本拠そのものと推定された。その周辺には家臣団の屋敷群も想定される。土塁の南には中軸街路の両側に町屋が形成され、あちこちに寺社や屋敷が点在する……。

興味深い復元だったが、水辺からはなれた砂州中央の直線的な道路ぞいに市街地が形成されるという姿は、自然発生的な中世湊町のイメージと正反対で、とまどいを禁じえなかった。とくに、砂州の西側、前潟東岸の、現在街村集落が立地する場所の評価は、発掘が困難だったこともあって、問題として残されていた。復元された市街地の不自然な立地と、大規模な館址の南側を東西に走り砂州先端部分を閉鎖空間とする土塁・堀とをあわせて考えると、「想定復元図」の語る都市プランは、よほど大きな軍事的緊張のもとで、湊町が要塞化された結果生じた二次的構造なのではないか、とかつて私は考えた。一四三二年、十三湊安藤氏は南部氏との合戦に敗れ、蝦夷島へ没落するという危機に直面していた(『満済准后日記』)。「想定復元図」と時期的にも符合する。

その後、前潟ぞいの街村集落内部でも、規模は大きくないものの何カ所かで発掘が行われ、中世に港湾機能をもった場所であることがはっきりしてきた。石井進によれ

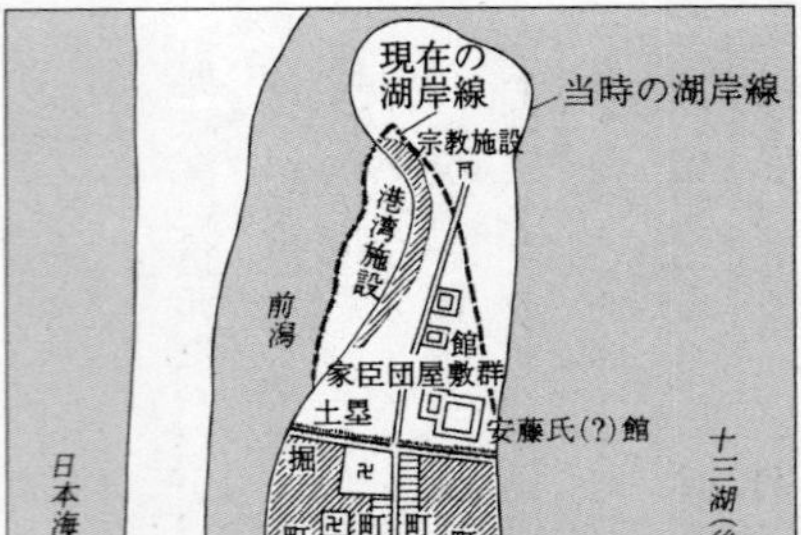

図4　15世紀前半頃の十三湊想定復元図
(石井進『鎌倉びとの声を聞く』より))

ば、土塁の少し北の現場からは、一三世紀の珠洲焼の破片が相当点数出土して、前潟ぞいに早くから町場が成立しており、日本海沿岸航路を使って商品が運びこまれていたことが証明された。また、街村の裏手の前潟へ下るゆるやかな斜面から、礫や陶片を敷きつめて突き固めた遺構が検出され、荷物を積み下しするヤードだったとする説が出されている。さらに下って中世に波打ち際だったと推定される場所では、大きな材木や杭を用いた護岸施設が出土し、その西に隣接する中世には水面下だった場所からは、船をつなぐための木杭が、樹皮製のもやい綱まで伴って発見された。

(2) 草戸千軒町

一三七一年に「津軽末十三湊住呂(侶)仏子快融」が書写した大般若経が、広島県東広島市安芸津《あきつ》町の浄福寺に伝わっている。瀬戸内海海道と十三湊との交流を物語る興味深い遺物であるが、安芸津からもう少し東へたどると、中世から栄えた瀬戸内海航路の要港鞆《とも》に出る。鞆から北へ約一五キロ、芦田川の河口からすこし遡った中州上で発見されたのが、草戸《くさど》千軒町《せんげんちょう》遺跡である（鞆・草戸ともに広島県福山市内）。河川改修にともなう全面的な発掘調査が一九六一年から九三年まで実施され、文献にはかすかな痕跡しか留めない湊町が、民衆生活のようすを伝える数々の遺物をともなって、土の中から立ち上がってきた。現在中州は掘削されてしまったが、近接する地に建てられた広島県立歴史博物館に工夫をこらした展示があり、観覧者は中世を身ぢかに体験することができる。

草戸千軒は、平安時代に王家領長和荘《ながわ》の年貢を積み出す倉敷地として出発し、地域間交易の拠点としての市場町・湊町として栄えるとともに、真言律宗常福寺（現、明王院）の門前町の性格もあわせもった。出土した陶磁に占める輸入陶磁の割合が低いことからみて、幹線上の貿易港ではなく、鞆から分かれて芦田川上流の内陸部にいたる交通路の起点という性格をもつ。中世に無数に存在したであろう「並み」の湊のようすを知る得がたい材料である。調査に携わった志田原重人は、「地域密着型の「草戸千軒」と直接の後背地を持たない幹線航路型の「鞆」が結合し相互補完する姿が、中部瀬戸内海地域における中世後半期の流通経済を支えた一つの典型的姿であろう」と述べている。

室町前期に急速に発展したようすが、建物・井戸などの急激な増加や、闘茶札《とうちゃふだ》・銭《ぜに》甕《がめ》・白磁水注《すいちゅう》などの出土からうかがわれる。室町中期になると、船を町に導く水路として利用されていた小川に大量の砂がたまって、機能を停止した。土砂の堆積による港湾機能の阻害が、草戸千軒にとって最大の敵であった。石組の護岸をともなう船着場の整備など、努力が重ねられたが、室町末期には急激に衰退し、江戸初期の洪水で完全に埋もれてしまった。そのため、中世のようすが封印されて現在に伝えられたのである(図5)。

中世人の生活を知る興味深い材料をいくつか紹介しよう。室町後期になると、遺跡北半の市街地区画をとりまくかたちで石敷道路があらわれ、常福寺への参道かといわれている。また、遺跡の南端部には幅一〇～一六メートルの環濠をもつ方一町の居館址があり、燭台・天目《てんもく》茶碗・聞香札《ぶんこうふだ》などが出土した。支配層の屋敷にちがいない。食生活の痕跡としては、刃物で解体した動物・魚の骨が大量に出土することが注目される。刃物傷をもつ頭骨や火であぶった跡がある四肢骨など、犬の骨も多い。中世で肉食が忌避されたという常識をくつがえす発見であった。

中世の木簡が四千点以上出土したことも特筆に値する。その多くは、物品の荷札・付札や商取引の際の覚・帳簿で、地方都市の物流・商業・金融活動を知る得がたい資料である。記された文字には、「売る」「買う」「卸す」「流す」「和市」「利分」などの経済用語が多く見られる。情報量の多い例を一つあげると、表裏に「(前略)四百、かすにしのあこ《(網子)》、ミ《(巳)》八月廿三、もと《(元)》百とりふん《(利分)》五もん《(文)》とりて、一はい《(倍)》りいた《(利出)》す。十月廿日、もと百とりふん十まいとりて、一人とりいた《(取出)》す。十月卅、もと百とりふん、一人とりいたす」と書かれた木簡がある。判読きわめて困難で、意味が取りきれないが、網子＝漁師が月利(?)五パーセントで借金をして、巳歳八月二三日に元本と同額の利子を支払ったこと、ある人が一〇月二〇日に元本に一〇パーセントの利子を加えて返済し、質物を取り出したこと、一〇月三〇日にも同様のことがあったこと、はなんとか読みとれる。

また木簡には、中世人の精神生活を語るものもある。阿弥陀や地蔵の名が記された板塔婆《とうば》、法事に際して故人の菩提を弔うために造立された板塔婆、仏事・法会《ほうえ》の際に作成された大般若経転読《てんどく》札や修正会《しゅしょうえ》札、さまざまな呪符・呪文を記したまじない札など多様で、こうした呪術的世界こそ、古代の木簡には見られない中世的特徴と言えよう。一方で、有徳人がぜいたくな風流にふけっていたことを物語る闘茶札・聞香札もある。

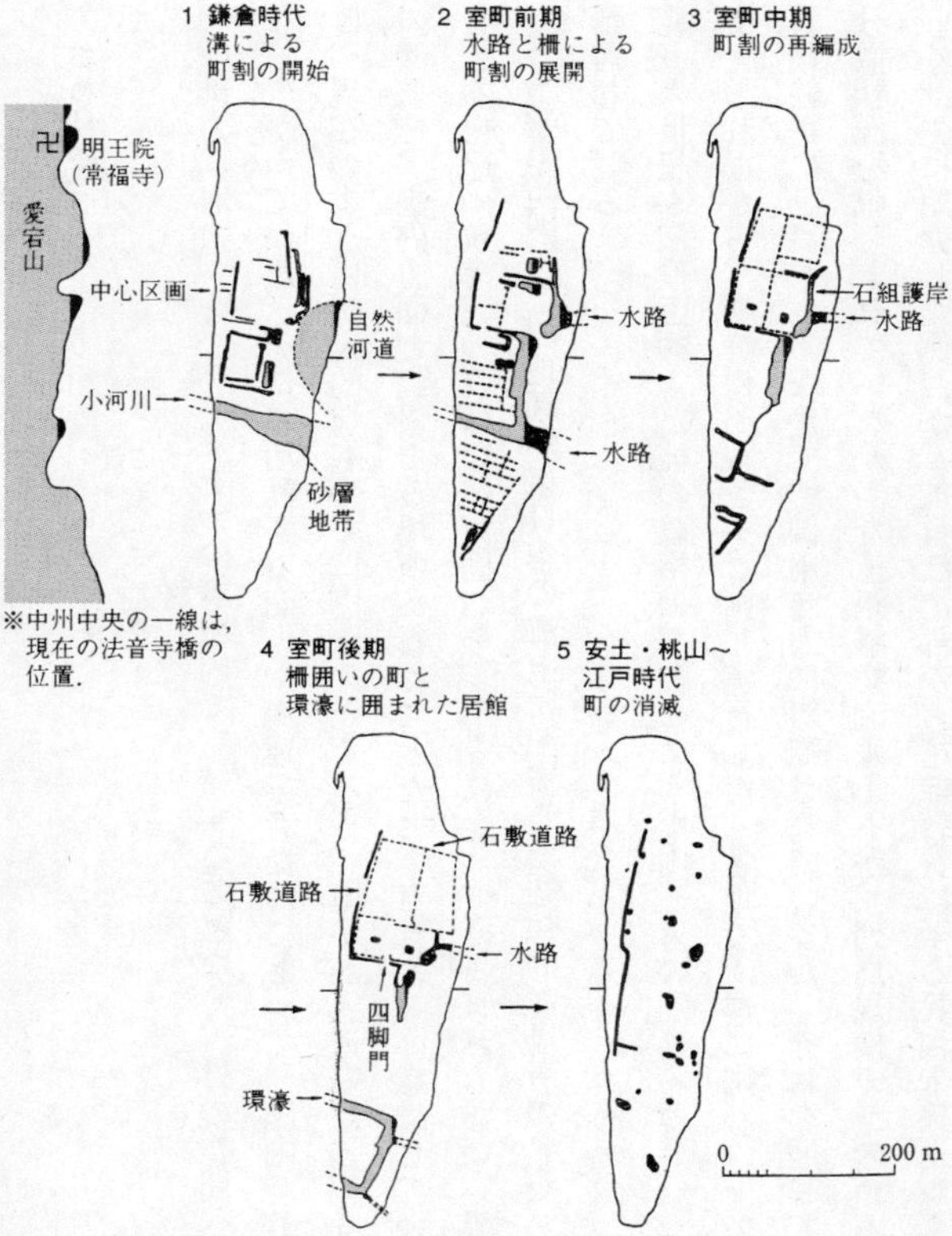

図5　草戸千軒町遺跡の変遷（志田原重人「草戸千軒にみる中世民衆の世界」より）

中世の「海道」は、「ヤマト」の境域内で完結することなく、外の空間へと切れめなく広がっていた。そこで活動する商人や海運業者たちにとって、国内／外国の区別は、現在のように決定的なものではなかっただろう。博多商人道安は、朝鮮や琉球への渡航を、畿内方面とは異なる場所へ行くことだと、どれくらい意識していたろうか。むしろ自己の航海圏の及ばない東国こそ、道安にとってはまぎれもない「異域」だった。『海東諸国紀』の地図が東日本の海上に配置した空想的な場所の名たちは、そう証言している。

一六世紀末、豊臣秀吉と彼の政権は、このような内／外の別の希薄という感覚にも支えられながら、朝鮮侵略戦争を計画し実行した。各地で海運に携わっていた人々は、兵站《へいたん》輸送に動員されるなかで、御用商人に組織されていった。それを通じて、中世的分散状況を脱しきれていなかった遠距離物流ルートが、列島規模でシステム化されていく。先に紹介した例だが、加賀江沼郡から越前敦賀に至る兵粮米輸送ルートの整備が、豊臣政権↓前田家↓三国湊の問丸、という伝達経路で指示され、指令書が三国湊の豪商森田家に伝来したことに、その一端が示されている。

中世における列島内外の交流の開放性が、朝鮮侵略を転換点として、近世の全国的流通網へと、連続した軌跡を描いていることも、忘れないでおきたい。

参考文献

網野善彦『日本社会再考――海民と列島文化』小学館、一九九四年。

網野善彦・石井進編『北から見直す日本史――上之国勝山館遺跡と夷王山墳墓群からみえるもの』大和書房、二〇〇一年。

石井進『鎌倉びとの声を聞く』NHK出版、二〇〇〇年。

市村高男「十二の海道――日本中世の水運と津・湊・泊」『大航海』一四、一九九七年。

宇佐見隆之『日本中世の流通と商業』吉川弘文館、一九九九年。

榎原雅治編『日本の時代史11　一揆の時代』吉川弘文館、二〇〇三年。

小林保夫「淀津の形成と展開――淀十一艘の成立をめぐって」『年報中世史研究』

九、一九八四年。
坂井秀弥「越後の道・町・村――中世から近世へ」『中世の風景を読む4　日本海交通の展開』新人物往来社、一九九五年。

桜井英治「琵琶湖の交通」『中世の風景を読む5　信仰と自由に生きる』新人物往来社、一九九五年。

志田原重人「草戸千軒にみる中世民衆の世界」『中世の風景を読む6　内海を躍動する海の民』新人物往来社、一九九五年。

高橋修編『熊野水軍のさと――紀州安宅氏・小山氏の遺産』清文堂、二〇〇九年。

田中健夫訳注『海東諸国紀――朝鮮人の見た中世の日本と琉球』岩波文庫、一九九一年。

田良島哲「中世淀津と石清水神人」『史林』六八―四、一九八五年。

柘植信行「開かれた東国の海上交通と品川湊」『中世の風景を読む2　都市鎌倉と坂東の海に暮らす』新人物往来社、一九九四年。

中村栄孝『日鮮関係史の研究』上、吉川弘文館、一九六五年。

羽柴直人「平泉」『いくつもの日本Ⅱ　あらたな歴史へ』岩波書店、二〇〇二年。

東四柳史明「日本海交通の拠点　能登」『中世の風景を読む6　内海を躍動する海の民』新人物往来社、一九九五年。

福田秀一他校注『中世日記紀行集』新日本古典文学大系51、岩波書店、一九九〇年。

村井章介校注『老松堂日本行録——朝鮮使節の見た中世日本』岩波文庫、一九八七年。

村井章介『東アジア往還——漢詩と外交』朝日新聞社、一九九五年。

『海から見た戦国日本——列島史から世界史へ』ちくま新書、一九九七年（のち増補して『世界史のなかの戦国日本』ちくま学芸文庫、二〇一二年）。

「紀行文に読む中世の交通」『週刊朝日百科世界の文学81徒然草・方丈記・歎異抄』朝日新聞社、二〇〇一年。

「中世の北〝海〟道——宮腰津・放生津・直江津」『日本海学の新世紀2還流する文化と美』角川書店、二〇〇二年。

山陰加春夫編『きのくに荘園の世界・下』清文堂、二〇〇二年。

綿貫友子『中世東国の太平洋海運』東京大学出版会、一九九八年。


（初出『いくつもの日本Ⅲ　人とモノと道と』岩波書店、二〇〇三年）

文庫版あとがき

このたび、十四年前に筑摩書房の「ちくまプリマーブックス」の一冊として刊行した拙著を、「ちくま学芸文庫」に収めて再刊してもらえることになった。原著のあとがきに書いたように、大学二年生むけの「日本史学入門講義」の教案を下敷きにしたもので、ジュニアを対象に話しことばで書いた本はこれしかないので、感慨ふかいものがある。話しことばの文体は、文末をです・ます調に置き換えればよいというものではない、と思い知らされたし、それなりに工夫はしたものの、もっとくだけた調子にしてもよかったかな、と悔やまないではないが、今回下手に手を加えるのはやめにした。

もとになった講義が六回で一セットだったので、おのずと六章構成となり、ふれるべき論点が尽くされたとはいえない。とくに筆が戦国時代以降におよんでいない点については、本書の姉妹編ともいうべき『海から見た戦国日本　列島史から世界史へ』（ちくま新書、一九九七年）が、昨年四月、『世界史のなかの戦国日本』と改題し、増補・改訂のうえ、おなじ「ちくま学芸文庫」から刊行されているので、補っていただければ幸いである。また、「はじめに」と「おわりに」で意識的に「近世の内と外」に言及した。

内容的には別に書いた著作や論文、とりわけ『東アジアのなかの日本文化』（放送大学教育振興会、二〇〇五年）と重なる部分が多いが、第二章でふれた銭貨政策と平氏政権の関連や、第三・四・六章の主要なモチーフをなす日本／朝鮮の比較史的考察は、本書の特色といえるかもしれない。とくに、第三章で論じた、日本の幕府と高麗の武人政権が多くの共通点をもちつつ、結果として対照的な運命をたどった事実を、どう歴史的に理解するかという問題は、政治史や国家史の比較だけでなく、世界史的なパースペクティブのもとで考えていく必要があると思う。

原著刊行後かなりの年数が経っているので、その後の研究によって修正を要する部分が少なくない。しかしながら本書は、二〇世紀最終年の時点における読者への語りかけという性格を多分にもっているので、ルビの大部分の削除や誤記訂正など、最小限の加除にとどめた。ただ、七三〜七五頁で筑前鴻臚館の終見として言及した史料は、田島公氏らによって京都鴻臚館に関わるものと指摘されていること、一七五頁に書いた〈明皇帝の権威が足利義満の王権簒奪の正当性を保障した〉という見方に、今はかならずしも与していないこと（拙著『日本の中世10　分裂する王権と社会』中央公論新社、二〇〇三年、二二八頁以下）、の二点のみここに記すに留めたい。

再刊にあたって、赤坂憲雄・中村生雄・原田信男・三浦佑之編『いくつもの日本Ⅲ　人とモノと道と』（岩波書店、二〇〇三年）の「総論」として書いた「列島内外の交流史」を加えて「増補版」とした。中世の水陸交通のアウトラインを描出したものだが、史料・資料として紀行文等の文芸作品や考古学の発掘成果をできるだけ活かすことを心がけ、また、中世の交通が列島内部で完結することなく、外へと開かれた特徴をもっていたことを強調した。

現在、日本の「内と外」の問題は、昨年九月の尖閣諸島国有化を画期として、戦争の可能性すら憂慮せざるをえないほど、緊張の度を強めている。そこで双方がぶつけあう「固有の領土」論の前提をなす領土・領海や国境の観念は、近代にいたってようやくゆるぎなき正義の地位を獲得したにすぎない。それのみに囚われることなく、より闊達に未来の「内と外」を構想するにさいして、本書が小さなヒントにでもなれば幸いである。

二〇一三年一月一日

村井章介

解説　中世から現代人の対外観を問う一書

榎本　渉

1　中世日本の対外観をめぐる問題

本書の基になったものは、著者村井章介が東京大学日本史専攻の課程に進む予定の学生向けに行なった入門講義である。そのため中世史の専門的知識を前提とせず、未来の研究者に向けて中世史の魅力を伝えようと、自らの研究をかみ砕いてエッセンスを伝えたものとなっている。「村井史学」最良の入門書であり、このたび文庫本として再刊が決まったことは大いに意義のあることだろう。なお各章の記述は『アジアのなかの中世日本』（校倉書房、一九八八年）、『中世倭人伝』（岩波新書、一九九三年）や、「王土王民思想と九世紀の転換」（『思想』八四七、一九九五年）、「中世における東アジア諸地域との交通」（『東アジア往還』朝日新聞社、一九九五年。初出一九八七年）などを基にして、関連する歴史事象を適宜加えたものとなっている。各テーマの詳細を知りたい方には、まずこれらに当たることを勧める。

第一章〜第六章では様々なテーマが扱われながら、平安初期から室町時代までおおよそ時代順に配列され、さらに「おわりに」では戦国時代から江戸初期の対外交流の概要にも触れられている。本書が「日本」の枠組みを越境していることは、「中世日本の内と外」の表題から当然ともいえるが、それだけでなく一般にいう「中世」＝院政期〜戦国期という時間的枠組みからも越境している。特にその始まりを平安初期九世紀とする点は、本書の一つの特色である。著者にとってこの枠組みが必然である所以は、中世につながる日本支配層の国際意識が平安初期に生まれる点にある。それは日本の内を清浄な神国とし、その外をケガレた異土ととらえ、自らの都合の良い対外関係を観念の中で保存するという思考である（第一章）。

こうした内向きの国際意識に基づく自閉的な対外姿勢は、画期的な「海洋国家」構想を持つ平氏政権下で揺らぎ、後白河法皇の宋人面会を実現させた（第二章）。著者は明言しないものの、もしも「開明的」な平氏政権が短命で終わらなければ、中世の対外観が異なるものに成り得たと考えているのかもしれない。だがそれは現実には「中世後期になってもきわめて強固な伝統としてくりかえされており、その正統性はいささかも揺らいでいなかった（五八頁）。第五章で述べられる足利義満死後の動向は、以上の見通しを具体的に示す事象である。義満は伝統的孤立主義からの脱却を目指して遣明使を派遣して明と外交関係を結んだが、その試みは死後にことごとく覆された。これは単純に後継者義持の父に対する個人的憎悪によるものではなく、背後に義満の方針に反感を抱く多くの支配層の人々がいたという。つまり伝統的な対外観は室町時代に至っても容易に払拭できなかった。また九世紀に新羅人への恐怖心から生まれた神国思想は、蒙古の撃退を契機としてさらに広範な層に浸透し、朝鮮蔑視観を民衆に定着させる根拠となった（第三章）。著者は自閉的な対外姿勢と朝鮮蔑視観という二つのファクターを以って中世的な対外観の特徴と考えているが、それらが生まれたのはともに平安初期である故に、中世の対外観を考える場合、その開始は平安初期におかれるべきということになる。

本書における著者の眼目の一つは（そして入門講義における日本史初学者に対するメッセージの一つは）、こうした中世の対外観の閉鎖性・独善性の指摘にある。これは「村井史学」全般に見られる基本的スタンスでもあるが、この対外観が現代にも受け継がれていると考えていることが、このこだわりの背景にある。いささか乱暴な整理をすれば、本書の究極的な目的は、日本人の伝統的対外観が新羅人の海上活動や蒙古襲来を契機とする歴史的産物であって、普遍的根拠を持つものではないことを明らかにすることである。たとえば朝鮮蔑視観については、第一章の最後の一節（五〇頁）が参考になろう。

その意味で、九世紀ころに成立した中世貴族の世界観が、現在の私たちの対外認識にまで影を落としていないかどうか、反省してみる値打ちはあると思います。近代日本の朝鮮蔑視観の根源を、明治以降の支配層による思想注入にのみ求め、前近代と切りはなして考える見解がありますけれども、私はそれは正しくないと思います。

著者は閉鎖的・独善的対外観によってゆがめられた現代の歴史解釈にも異議を唱える。たとえば蒙古襲来を扱った第四章を見よう。一般的に蒙古襲来で主に取り上げられる話題は、高麗・モンゴルの使者到来、鎌倉幕府の抗戦の姿勢、勇敢な武士の奮戦などだろう。しかし本章はこうした叙述を「常識的元寇論のゆがみ」とし、「一国史的視野のせまさ」に基づくものとして批判する。なぜなら蒙古襲来の被害はひとり日本のみが蒙ったものではなかった上、高麗はより長期にわたって攻撃を受けていたし、東南アジア諸地域の多くは日本と同様にモンゴルの撃退に成功しているからである。これは高校の世界史教科書にも書いてある基本的な史実だが、これを組み込んで日本の蒙古襲来を見れば、日本はなんら特筆すべき存在ではなく、「神風」や鎌倉武士の偉大さも相対化される。その意味で「(日本の)元寇などとるにたりない小事件でしかなかったともいえる」(一二〇頁)し、「こうむった被害からみれば、日本は東南アジア諸国にくらべてはるかに軽微だったといわざるをえ」ないという評価も可能になる(一四六頁)。それどころか国際感覚の面から見ると、日本はむしろ劣等生の評価を与えられてしまう。長年の宿敵だったヴェトナムとチャンパがモンゴルの脅威に対して国際的連帯を実現したのに対し、文永の役の前夜、モンゴルに恭順の意を示した高麗朝廷に反抗して蜂起した三別抄が日本に援軍を求めた時は、日本が反応することはなかったからである。

なおこの章が強調する点に、被害者としての高麗の立場もある。たとえば一二四〜二五頁には、「戦前の研究の多くは、高麗をモンゴルに荷担した憎むべき敵だとして、排外意識をあおりました。……自国の利害得失しかみない偏狭な視野が、朝鮮にたいする支配者意識と結びついたとき、これほどまでに歴史像をゆがめてしまうのです」とある。モンゴルの高麗遠征について「侵入」「侵略」という価値判断を含む表現を用いるのも、そのためだろう。だが一方で、対南宋・日本・東南アジアの軍事行動は「遠征」「攻略」「征討」として区別する叙述方針には疑問を感じないでもない。著者の意図は理解できるものの、それは文字表現ではなく史実を以って示すべきものではないか。さらに意地の悪い言い方をすれば、モンゴル即ち悪とする態度も、いわゆる東アジア（日中朝）に留まる視野といえなくもない。

話が横道に逸れたので、本題に戻そう。著者は第三章では、高麗の武人政権と日本の鎌倉幕府の比較を行なっている。そこで指摘されている事象の一部は、本書の数年前に発表された義江彰夫「朝廷・幕府の分立と日本の王権――高麗・李朝王権との比較を通して」（『アジアのなかの日本史』Ⅱ、東京大学出版会、一九九二年）にも指摘されるが、著者独自の見解も多く加えられている。著者の見解では、両者の間には相違する点も少なくないが、概して見れば共通する点が多かった。それにもかかわらず高麗で文人優位の体制が復活し、日本で明治維新まで武士の政権が継続するという対照的な結果を迎えた。要因は様々だろうが、その最大のものがモンゴルの外圧の強弱の差だったとする著者の説は妥当だろう。おそらく著者がここで示唆しようとしているのは、日本における武士の政権成立は特殊な事態ではなく、これが長期的に持続したのも、それを許す国際環境に依るところが大きかったという点である。日本史をヨーロッパ史と比較して、そこからヨーロッパに共通する「普遍性」を見出そうとする営為は戦前から見られたが（永原慶二『20世紀日本の歴史学』吉川弘文館、二〇〇三年、第Ⅰ部第4章）、歴史的環境が近い中国や朝鮮についてこうした試みが行なわれることは、石母田正の「国際的契機」論が大きな影響を持った日本古代史学においてはともかく、実は八〇年代以前の中世史学界ではほとんど見られなかったと思う。「中国を含むアジア諸民族が、日本やヨーロッパのように武士や騎士によって支配された中世世界にすすまず、いつまでも古代国家から脱しきれないでいるうちに、わが国独自の中世的世界の形成に進むことができた」（竹内理三『日本の歴史』6、「武士の登場」、中央公論社、一九六五年、七頁）というかつての評価も、当時の日本史家の多くにとって違和感はなかったのだろう。唐滅亡後、華北五代王朝における武人政権の相次ぐ交代を思い浮かべれば、武人の政治的台頭という現象は中国でこそ先行して見られたのであって（むしろ宋朝はそれを克服する国制を構築した）、日本に限るものでなかったことは明らかだが、それにもかかわらず安易な日本特殊論（それは〝日本のみが必然的に近代化できた〟ことを前提とする日本先進論に通じる）は意外とまかり通っていた。著者による日麗比較論は、日本人によるこうした思い込み（ないしは願望）に対する反論としての意味も持つ。

2 中世日本における「地域」

著者が問題にするところの日本人の対外観に共通するのは、国家という単位を前提として、自国の内にいるか外にいるか、あるいはどの国に属しているかを価値の基準とする点である。ケガレに基づく国土観念はその前提となった。これを生み出したのは国政に関わる支配層の人々であり、そのイデオロギーとして国家が強く意識されたのは当然でもあったが、著者によればその対外観は中世に広く民衆まで行き渡り、近現代にまで影響する。しかしこれらの思想も決して日本全土を均一に覆うものではなかった。たとえば信濃善光寺では百済を日本と同格の存在として扱い、朝鮮蔑視観が見られなかったことを指摘し、その背景として東国ではケガレ観念が弱く、この点でケガレ観念や朝鮮蔑視観が強い西国と異なっていたとする（四七〜四九頁）。ここからは、日本を単一民族国家とする俗説を批判すべく東国・西国など国内の地域差に焦点を当てて日本史の叙述を試みた網野善彦の意欲作『東と西の語る日本の歴史』（そしえて、一九八二年。後、講談社学術文庫より再刊）の影響も垣間見られよう。

著者が第二章で平氏政権について、「海に密着し、対外関係や貿易を国家の基盤としようとする「海洋国家」構想」を持っていたと評価するのも（五八頁）、網野がこれを「海洋的な西国国家の樹立」を目指していたとしたことを承《う》けたものだろう（前掲書第八章）。ただし網野が平氏の海洋志向を挙げたに留まったのに対し、著者はその構想の前提として国境を越える人間集団の動きも想定する。それは具体的には宋海商の貿易活動の活性化であり、さらには宋船に乗り込む日本人、博多に居留する宋人、日宋混血児など、国家の枠組みを超えて活動する人々だった。一二世紀には彼らの活動が複数の国家の周辺部を結ぶ「地域」を生み出しつつあり、平氏はそこに関与することによって「海洋国家」構想を立ち上げることができたというのが著者の考えである。

対外関係における平氏の画期性は古くからの通説的理解と言って良い。近年もこれを積極的に支持する見解（高橋昌明『平清盛　福原の夢』講談社選書メチエ、二〇〇七年）がある一方で、慎重な意見（山内晋次「平氏と日宋貿易」『神戸女子大学古典芸能研究センター紀要』六、渡邊誠「後白河・清盛政権期における日宋交渉の舞台裏」『芸備地方史研究』二八二・二八三。二篇とも二〇一二年）も表明されているが、その当否はここでは措《お》く。それよりも本章で重視すべきなのは、海上に国家をまたぐ「地域」を措定し、その根拠として「地域」を生活の舞台とする人々の存在を挙げ、それが国家のあり方を変える可能性を秘めていたと考える発想だろう。この点は「中世日本列島の地域空間と国家」（前掲『アジアのなかの中世日本』。初出一九八五年）で、より理論的に述べられている。この主張は中世人の生活圏＝「地域」が必ずしも近代日本国の国境によって区切られていたわけではないということも意味する。つまり「地域」の設定は近代日本国家の領域内をどのように切り分けるかという矮小な問題ではないし、そもそも国家の領域自体が自明のものではない（いわゆる「固有の領土」などない）といっているのである。この問題意識は、国家を中心に描く歴史像への疑義によるもので、その点で先述の独善的対外観の指摘にも通じるものである。直接言及されることはないが、一九八〇年代以後盛んになった国民国家論との共通性も指摘できよう。

本書文庫版の付録として「列島内外の交流史」を収めた事情も、この文脈からとらえるべきである。著者は中世日本沿海に一二の航海圏を見出してその特徴を論じた市村高男の論考について数点の批判を加えるが、その一点目が「現在の日本の国家領域に囚われすぎた見方」についてである。ここで著者が重視するのは博多商人道安の地図を基に朝鮮で作成された『海東諸国紀』所載の地図で、そこに描かれる航路は西国沿海部から切れ目なく海外へとつながっている一方、東国の航路は記されていない。道安にとっては朝鮮や琉球よりも、東国こそが「異域」だったとすら考えられる。ここから著者は、「商人や海運業者たちにとって、国内／外の区別は、現在のように決定的なものではなかっただろう」（二八〇頁）として、中世の商品の流通において国境は絶対的な意味を持っていないことを強調する。これは流通路に沿って行なわれた人の移動や文化の伝播とも関わる問題だろう。

国境の歴史性については「はじめに」でより明確に語られており、「国籍」「国境」といった概念が日本で受け入れられたのが幕末維新期だったことを、北海道が日本の領域に組み込まれる過程を概論しつつ言及している。北海道の住民だったアイヌは、江戸時代までは国家による政治的支配の対象外にあり、国家領域のはざまの広がりのある〈境界〉の住人だった。だが近代になると、この〈境界〉は日本・ロシア二国によって排他的に分割され、線で表現される国境に置き換えられることになった。現代人の国土認識はこの排他的国境を前提とするが、それはあくまでも歴史的産物であって、普遍的にそうだったわけではない。

「地域」の融通無碍さをもっとも鮮やかに描いたのが、日朝間の海域を扱った第六章である。著者の研究でもポピュラーで、かつ刺激的な部分だろう。本章の主演は、対馬島や朝鮮南岸を活動の舞台とした倭人だが、彼らのある者は朝鮮人と倭人の混血、ある者は両親とも朝鮮人である（したがって倭人は、いわゆる日本人と完全に一致するわけではない）。当時の日朝間の海域（対馬などの島嶼や朝鮮の三浦《さんぽ》）には日本人のみならず朝鮮人も雑居し、さらには被虜明人も含まれるなど、民族によって交流が仕切られる世界ではなかった。ここの住民たちは日本にとっても朝鮮にとっても辺境に当たる場所、境界に住む人々であり、それ故に日朝間を媒介する性格も有した。これを著者は「マージナル・マン」と呼ぶが、この性格は第二章で取り上げられた宋海商にも通底する。室町期日朝関係史は一九八〇年代以後現在まで中世対外関係史研究の花形だが、その中でも著者の研究が異彩を放つのは、いわゆる日朝外交史や朝鮮の倭人管理制度史に終わらず、国家の枠を超えた人々に注目し中心に据えた点にある。

資源の少ない対馬の住民を中心とする倭人にとって、朝鮮との関係は死活問題だった。応永の外交（一四一九年）で対馬と朝鮮の交通が一時期途絶えた後、倭人が対馬の偽使を仕立てて対馬を朝鮮内の一州とすることを乞うたことがあったが、ここから著者は、倭人にとっては対馬が日朝いずれに属するかよりも、朝鮮との交易を維持することの方が重要だったと結論付ける。さらに土地だけでなく人にも注目すれば、重い課役に耐えかねて倭人に身を投じる朝鮮民衆がいたことも指摘される。日常的な交流による「地域」生成の運動は、時に国家の論理を乗り越えて、その枠組み自体を流動化させかねないものだったのである。

3　若干の所感

以上、多少の組み換えと解釈を交えながら、本書の内容をまとめてみた。その字数に比して多くのテーマが詰まっていることが分かるだろう。私の拙いまとめも狭い識見に基づくものであって、識者が見ればまだいくらでも他のテーマを引き出すことができるに違いない。もっとも本書は一四年前に刊行された(その基になった講義はさらに遡る)ものだけに、個別の論点については、その後の研究の進展でさらに精緻化されているものや否定されているものもある。本書には絶妙なバランスで「村井史学」のエッセンスがちりばめられており、そこに微調整を施すことはかえって蛇足になる恐れもあるが、最後に大枠について一点だけ、個人的に思うところを触れておきたいと思う。

それは外交に関する評価についてである。第二章で指摘されるように、平安時代の貴族たちは海商を通じて唐物の入手ルートを確保していた。しかし著者はこれについて、「荘園制は、外国と正式の関係を開かないというたてまえを温存しつつ、「唐物」を入手しうる裏道を、貴族たちに提供し」たと評価する(五八頁)。この場合の「外国と正式の関係」とは外交関係のことであり、荘園制による唐物の入手は、日宋間を往来する海商を介して唐物を入手することを想定している。つまり著者は、外交関係を開かずに海商を通じて唐物を入手するのは「裏道」=正当でない形と評価しており、さらに言えば遣唐使・遣明使の如き国家間交渉を伴う対外交流が本来あるべき姿と考えているらしい。

そこで遣明使を扱った第五章を見るに、瑞渓周鳳は一四七〇年頃、明から与えられる「日本国王」号を、対明貿易権を内容とする名義と考えていたが、義満はこれと異なり、東アジア社会のなかに「日本国王」をまっとうに位置付ける狙いがあったとし、対外姿勢において義満に肯定的な、瑞渓に否定的な評価を下している。また義満が王権簒奪のために明の権威を利用しようとしたことも述べるが、結びでは仮にこれが成功しても、義満死後の「逆コース」（対明断交を含む）の根強さを考えれば長続きはしなかっただろうとする（二八五頁）。「逆コース」の表現から判断するに、義満の路線には正の、これを覆した義持およびその賛同者には負の評価を下しているのだろう。ただし義満による日明関係の国内政治への利用説は、著者自身が後に改めている（本書の「文庫版あとがき」参照）。ならば著者が義満の外交について「経済主義的解釈」（経済的利益目当ての遣明船派遣）を否定したことも再検討の余地はある。橋本雄は義満期の日明関係において積極姿勢を示したのはむしろ明側とし、義満側の動機としては北山殿の造営費捻出を念頭に置いているし（「遣明船の派遣契機」『日本史研究』四七九、二〇〇二年）、最近の研究の多くも幕府財政など経済的側面に注目する向きが強い（早島大祐『室町幕府論』講談社選書メチエ、二〇一〇年、小川剛生『足利義満』中公新書、二〇一二年）。義満が「日本国王」として国際社会に登場したのは事実だが、その前提として、国家使節以外に貿易ができないという明代の特異な対外政策が意識されなければならない。逆にたびたびの招諭にもかかわらず、宋・元と外交関係を結ぶ動機が日本で生まれなかった根本的な原因は、派遣資格による貿易制限が宋元代に設けられなかった点、つまり国家として国際社会に出ることのメリット（出ないことのデメリット）がなかった点に求められよう。

義満の国際社会参入を高く評価する著者の姿勢は、日本人の自閉的対外観を批判するという本書の目的からすれば自然である。だが外交活動それ自体に価値を見出す前に、中世を生きた人々の目線から考えてみた場合、その必然性はどの程度あったのだろうか。唐の朝鮮半島進出によって倭国が国家存亡の危機を迎えた七世紀後半ならばともかく、藩鎮《はんちん》が割拠して唐が中国全土を動員した軍事行動を取ることが困難になっていた九世紀、中国が政治的にも分裂状態に陥った一〇世紀、北方に遼・金、南方に宋が対峙してともに大規模な海外遠征を行なう余裕がなかった一〇世紀末から一三世紀半ばにおいて、日本が自衛のための外交交渉を行なう必要はなかった。このことは日本の支配層も自覚していたようで、たとえば七九二年に軍団が奥羽・九州以外で廃止されるのは、安史の乱後に唐の軍事的脅威が減退したことを受けたものと考えられる（榎本淳一「「東アジア世界」における日本律令制」『律令制研究入門』名著刊行会、二〇一一年）。この軍縮措置に伴う貴族層の不安は、新羅人の活動に対する警戒心を抱かせる一因になったが（渡邊誠「平安貴族の対外意識と異国牒状問題」『歴史学研究』八二三、二〇〇七年）、それは客観的には日本国家を脅かすほどのものではなく、一時的・局所的な事件はあったにせよ、日本列島は鎌倉中期まで長期にわたり深刻な外圧を受けない。しかも海商や僧侶の活動によって、必要な海外物資や情報は絶え間なく入ってくる。

このような幸福な国際環境が労せずして確保されていた以上、それを維持するもっとも有効な方策は、国際社会不参入の現状を貫くことだった。むしろ余計な外交活動は、国際紛争に巻き込まれる危険性を増す。たとえば第四章で言うように、三別抄は日本に連帯の提案をしていた。だが当時の日本にとってこれに応じることが現実の政治・戦略面で最良の選択肢だったかといえば、それはどうだろうか。朝廷が三別抄の送牒の背後にある国際情勢を正確に理解していたかは疑わしいが、モンゴルに対する共闘が求められていたことは理解していたか、少なくとも求められている可能性は念頭に置いていた（一三八頁所引『吉続記』）。すでに三別抄が江華島に続いて珍島も奪われ劣勢に陥っていたこと（珍島陥落は一二七一年五月、京都での牒状審議は九月）は当時の日本の知るところではなかったとしても、これに応じることがモンゴルへの決定的な敵対行動であることは容易に想像できただろう。当時の日本支配層は、そのような最悪の決断をしない程度の国際感覚は持ち合わせていたともいえる。しかも三別抄は自ら王族をかついで開城府の元宗の王朝を否定しており、その軍事行動はモンゴルへの抗戦という性格とともに、高麗の正統を争う内乱という性格も持った。もしも日本がこれに介入していたら、モンゴルのみならず、対日遠征に消極的だった高麗をも敵に回したことは疑いない。おそらく現代の韓国人からも、百済復興を旗印に出兵し新羅・唐と戦った白村江の戦と同様に、日本の侵略主義として批判されていたことだろう。要するに積極的な外交それ自体が評価されるべきなのか、言い換えれば消極的外交がただちに外交的無能を示すものなのかは、まだ考える余地があると思うわけである。

以上、最後は揚げ足取りになってしまった感もあるが、これを以って本書の解説を終えることにしたい。ただここまで書いた上で今さらながら言わせてもらえば、本書の面白さは私が述べてきた小理屈などよりも、提示されている豊富な史実そのものにあると思う。たとえば三浦の乱後、朝鮮が対馬との通交規模を制限したことの対応として、対馬が通交規模を確保するために偽名義の使者を派遣したり、他所の通交名義を集積して使い続けたりしたために、朝鮮が得られる日本情報の多くが対馬経由のもので占められるようになり、その虚偽を確かめることさえできなくなってしまったこと（それが豊臣政権への対応を誤らせたこと）など（二一七～二二頁）、その因果関係はなんとも皮肉な限りだし、生き残りをかけた対馬のしたたかさにも感心させられてしまう。本書はまずは、教科書や概説書に書かれない隠れたエピソードを知る楽しい歴史入門書として読むことが正しいのかもしれない。

最後に蛇足ではあるが個人的なことも書くと、私は大学学部生時代から大学院時代にかけて、本書の著者村井章介に教えを受けている。へそ曲がりな私は著者の説をそのまま受け入れるのが悔しく、これまで必死にあらさがしをしてきたのだが、それにもかかわらず最終的に中世対外関係最大の画期として位置付けたのは、著者と同じ九世紀となってしまった（拙著『僧侶と海商たちの東シナ海』講談社選書メチエ、二〇一〇年）。その結論にたどり着く過程は対外観を切り口とした本書とは異なるが、論拠は東シナ海を活動の場とした海商の登場、つまり本書のいう「地域」の生成だった。結局私は些細な揚げ足取りばかりしながら、大枠では著者の手のひらの上で走り回っていただけなのかもしれない。

（国際日本文化研究センター准教授）

本書は一九九九年四月十日、筑摩書房より、ちくまプリマーブックス『中世日本の内と外』として刊行された。

文庫化にあたり、誤字などを訂正し、次の一篇を増補した。

「付録　列島内外の交流史」（初出『いくつもの日本Ⅲ　人とモノと道と』岩波書店、二〇〇三年五月）

差別の民俗学　赤松啓介

人間存在の病巣〈差別〉。実地調査を通して、その実態・深層構造を詳らかにし、根源的解消を企図した赤松民俗学のひとつの到達点。（赤坂憲雄）

非常民の民俗文化　赤松啓介

柳田民俗学による「常民」概念を逆説的な梃子として、「非常民」こそが人間であることを宣言した、赤松民俗学最高の到達点。（阿部謹也）

日本の昔話（上）　稲田浩二編

神々が人界をめぐり鶴女房が飛来する語りの世界。はるかな時をこえて育まれた各地の昔話の集大成。上巻は「桃太郎」などのむかしがたり103話を収録。

日本の昔話（下）　稲田浩二編

ほんの少し前まで、昔話は幼な子が人生の最初に楽しむ文芸だった。下巻には「かちかち山」など動物昔話29話、笑い話123話、形式話7話を収録。

増補 死者の救済史　池上良正

未練を残しこの世を去った者に、日本人はどう向き合ってきたか。民衆宗教史の視点からその宗教観・死生観を問い直す。「靖国信仰の個人性」を増補。

神話学入門　大林太良

神話研究の系譜を辿りつつ、民族・文化との関係を解明し、解釈に関する幾つもの視点、神話の分類、類話の分布などについても詳述する。（山田仁史）

アイヌ歳時記　萱野茂

アイヌ文化とはどのようなものか。その四季の暮らしをたどりながら、食文化、習俗、神話・伝承、世界観などを幅広く紹介する。（北原次郎太）

異人論　小松和彦

「異人殺し」のフォークロアの解析を通し、隠蔽され続けてきた日本文化の「闇」の領野を透視する。新しい民俗学誕生を告げる書。（中沢新一）

聴耳草紙　佐々木喜善

昔話発掘の先駆者として「日本のグリム」とも呼ばれる著者の代表作。故郷・遠野の昔話を語り口を生かして綴った一八三篇。（益田勝実／石井正己）

民間信仰　桜井徳太郎

民衆の日常生活に息づく信仰現象や怪異の正体とは？　柳田門下最後の民俗学者が、日本人の暮らしの奥に潜むものを生き生きと活写。（岩本通弥）

差別語からはいる言語学入門　田中克彦

サベツと呼ばれる現象をきっかけに、ことばというものの本質をするどく追究。誰もが生きやすい社会を構築するための、言語学入門！（礫川全次）

汚穢と禁忌　メアリ・ダグラス　塚本利明訳

穢れや不浄を通し、秩序や無秩序、存在と非存在、生と死などの構造を解明。その文化のもつ体系的宇宙観に丹念に迫る古典的名著。（中沢新一）

宗教以前　高取正男　橋本峰雄

日本人の魂の救済はいかにして実現されうるのか。民俗の古層を訪ね、今日的な宗教のあり方を指し示す、幻の名著。（阿満利麿）

日本伝説集　高木敏雄

全国から集められた伝説より二五〇篇を精選。民話のほぼ全ての形式と種類を備えた決定版。日本人の原風景がここにある。（香月洋一郎）

人身御供論　高木敏雄

人身供犠は、史実として日本に存在したのか。民俗学草創期に先駆的業績を残した著者の、表題作他全13篇を収録した比較神話・伝説論集。（山田仁史）

儀礼の過程　ヴィクター・W・ターナー　冨倉光雄訳

社会集団内で宗教儀礼が果たす意味と機能を明らかにし、〈コムニタス〉という概念で歴史・社会・文化の諸現象の理解を試みた人類学の名著。（福島真人）

日本の神話　筑紫申真

八百万の神はもとは一つだった⁉　天皇家統治のために創り上げられた記紀神話を、元の地方神話に解体すると、本当の神の姿が見えてくる。（金沢英之）

河童の日本史　中村禎里

ぬめり、水かき、悪戯にキュウリ。異色の生物学者が、時代ごと地域ごとの民間伝承や古典文献を精査。〈実証分析的〉妖怪学。（小松和彦）

初版 金枝篇（上）
J・G・フレイザー
吉川信訳
人類の多様な宗教的想像力が生み出した多様な事例を収集し、その普遍的説明を試みた社会人類学最大の古典。膨大な註を含む初版の本邦初訳。

初版 金枝篇（下）
J・G・フレイザー
吉川信訳
なぜ祭司は前任者を殺さねばならないのか？ そして、殺す前になぜ〈黄金の枝〉を折り取るのか？ 事例の博捜の末、探索行は謎の核心に迫る。

火の起原の神話
J・G・フレイザー
青江舜二郎訳
人類はいかにして火を手に入れたのか。世界各地より夥しい神話や伝説を渉猟し、文明初期の人類の精神世界を探った名著。（前田耕作）

未開社会における性と抑圧
B・マリノフスキー
阿部年晴／真崎義博訳
人類における性は、内なる自然と文化的力との相互作用のドラマである。この人間存在の深淵に到るテーマを比較文化的視点から問い直した古典的名著。

ケガレの民俗誌
宮田登
被差別部落、性差別、非常民の世界など、日本民俗の深層に根づいている不浄なる観念と差別の問題を考察した先駆的名著。（赤坂憲雄）

はじめての民俗学
宮田登
現代社会に生きる人々が抱く不安や畏れ、怖さの源はどこにあるのか。民俗学の入門的知識をやさしく説きつつ、現代社会に潜むフォークロアに迫る。

南方熊楠随筆集
益田勝実編
博覧強記にして奔放不羈、稀代の天才にして孤高の自由人・南方熊楠。この猥雑なまでに豊饒な不世出の頭脳のエッセンス。（益田勝実）

奇談雑史
宮負定雄
佐藤正英／武田由紀子校訂・注
霊異、怨霊、幽明界など、さまざまな奇異な話の集大成。柳田国男は、本書より名論文「山の神とヲコゼ」を生み出す。日本民俗学、説話文学の幻の名著。

贈与論
マルセル・モース
吉田禎吾／江川純一訳
「贈与と交換こそが根源的人類社会を創出した」。人類学、宗教学、経済学ほか諸学に多大の影響を与えた不朽の名著、待望の新訳決定版。

ラーメンの誕生　岡田哲

中国のめんは、いかにして「中華風の和食めん料理」へと発達を遂げたか。外来文化を吸収する日本人の情熱と知恵。丼の中の壮大なドラマに迫る。

士（サムライ）の思想　笠谷和比古

中世に発する武家社会の展開とともに形成された日本型組織。「家（イエ）」を核にした組織特性と派生する諸問題について、日本近世史家が鋭く迫る。

三八式歩兵銃　加登川幸太郎

旅順の堅塁を白襷隊が突撃した時、特攻兵が敵艦に突入した時、日本陸軍は何をしたのであったか。元陸軍将校による渾身の興亡全史。（一ノ瀬俊也）

わたしの城下町　木下直之

攻防の要である城は、明治以降、新たな価値を担い、日本人の心の拠り所として生き延びる。城と城のようなものを歩く著者の主著、ついに文庫に！

東京の下層社会　紀田順一郎

性急な近代化の陰で生みだされた都市の下層民。落伍者として捨て去られた彼らの実態に迫り、日本人の人間観の歪みを焙りだす。（長山靖生）

土方歳三日記（上）　菊地明編著

幕末を疾走したその生涯を、綿密な考証で明らかに。上巻は元治元年まで。新選組結成、芹沢鴨斬殺、池田屋事件……時代はいよいよ風雲急を告げる。

土方歳三日記（下）　菊地明編著

鳥羽伏見の戦に敗れ東走する新選組。近藤亡き後、敗軍の将・土方は会津、そして北海道へ。下巻は慶応元年から明治二年、函館で戦死するまでを追う。

独立自尊　北岡伸一

国家の発展に必要なものとは何か――。福沢諭吉は生涯をかけてこの課題に挑んだ。今こそ振り返るべき思想を明らかにした画期的福沢伝。（細谷雄一）

賤民とは何か　喜田貞吉

非人、河原者、乞胸、奴婢、声聞師……。差別と被差別の根源的構造を歴史的に考察する賤民研究の決定版。『賤民概説』他六篇収録。（塩見鮮一郎）

増補 絵画史料で歴史を読む　黒田日出男

歴史学は文献研究だけではない。絵巻・曼荼羅・肖像画など過去の絵画を史料として読み解き、斬新な手法で日本史を掘り下げた一冊。（三浦篤）

滞日十年（上）　ジョセフ・C・グルー　石川欣一訳

日米開戦にいたるまでの激動の十年、どのような外交交渉が行われたのか。駐日アメリカ大使による貴重な記録。上巻は１９３２年から１９３９年まで。

滞日十年（下）　ジョセフ・C・グルー　石川欣一訳

知日派の駐日大使グルーは日米開戦の回避に奔走。下巻は、ついに日米が戦端を開き、１９４２年、戦時交換船で帰国するまでの迫真の記録。（保阪正康）

東京裁判 幻の弁護側資料　小堀桂一郎編

我々は東京裁判の真実を知っているのか？ 準備されたものの未提出に終わった膨大な裁判資料から18篇を精選。緻密な解説とともに裁判の虚構に迫る。

一揆の原理　呉座勇一

虐げられた民衆たちの決死の抵抗として語られてきた一揆。だがそれは戦後歴史学が生んだ幻想にすぎない。これまでの通俗的理解を覆す痛快な一揆論！

甲陽軍鑑　佐藤正英校訂・訳

武田信玄と甲州武士団の思想と行動の集大成。大部から、山本勘助の物語や川中島の合戦など、その白眉を収録。新校訂の原文に現代語訳を付す。

機関銃下の首相官邸　迫水久常

二・二六事件では叛乱軍を欺いて岡田首相を救出し、終戦時には鈴木首相を支えた著者が明かす、天皇・軍部・内閣をめぐる迫真の秘話記録。（井上寿一）

増補 八月十五日の神話　佐藤卓己

ポツダム宣言を受諾した「八月十四日」や降伏文書に調印した「九月二日」でなく、「終戦」はなぜ「八月十五日」なのか。「戦後」の起点の謎を解く。

考古学と古代史のあいだ　白石太一郎

巨大古墳、倭国、卑弥呼。多くの謎につつまれた日本の古代。考古学と古代史学の交差する視点からその謎を解明するスリリングな論考。（森下章司）

江戸はこうして造られた　鈴木理生

家康江戸入り後の百年間は謎に包まれている。海岸部へ進出し、河川や自然地形をたくみに生かした都市の草創期を復原する。（野口武彦）

増補
革命的な、あまりに革命的な　絓《すが》秀実

「一九六八年の革命は「勝利」し続けている」とは何を意味するのか。ニューレフトの諸潮流を丹念に跡づけた批評家の主著、増補文庫化！（王寺賢太）

考古学はどんな学問か　鈴木公雄

物的証拠から過去の行為を復元する考古学は時に歴史的通説をも覆す。犯罪捜査さながらにスリリングな学問の魅力を味わう最高の入門書。（櫻井準也）

戦国の城を歩く　千田嘉博

室町時代の館から戦国の山城へ、そして信長の安土城へ。城跡を歩いて、その形の変化を読み、新しい中世の歴史像に迫る。（小島道裕）

性愛の日本中世　田中貴子

稚児を愛した僧侶、「愛法」を求めて稲荷山にもうでる貴族の姫君。中世の性愛信仰・説話を介して、日本のエロスの歴史を覗く。（川村邦光）

琉球の時代　高良倉吉

いまだ多くの謎に包まれた古琉球王国。成立の秘密や、壮大な交易ルートにより花開いた独特の文化を探り、悲劇と栄光の歴史ドラマに迫る。（与那原恵）

博徒の幕末維新　高橋敏

黒船来航の動乱期、アウトローたちが歴史の表舞台に躍り出てくる。虚実を腑分けし、稗史を歴史の中に位置付けなおした記念碑的労作。（鹿島茂）

朝鮮銀行　多田井喜生

植民地政策のもと設立された朝鮮銀行。その銀行券等の発行により、日本は内地経済破綻を防ぎつつ軍費調達ができた。隠れた実態を描く。（板谷敏彦）

近代日本とアジア　坂野潤治

近代日本外交は、脱亜論とアジア主義の対立構図により描かれてきた。そうした理解が虚像であることを精緻な史料読解で暴いた記念碑的論考。（苅部直）

日本の外交　添谷芳秀

憲法九条と日米安保条約に根差した戦後外交。それがもたらした国家像の決定的な分裂をどう乗り越えるか。戦後史を読みなおし、その実像と展望を示す。

世界史のなかの戦国日本　村井章介

世界史の文脈の中で日本列島を眺めてみるとそこには意外な発見が！　戦国時代の日本はそうとうにグローバルだった！　（橋本雄）

増補 中世日本の内と外　村井章介

国家間の争いなんておかまいなし。中世の東アジア人は海を自由に行き交い生計を立てていた。私たちの「内と外」の認識を歴史からたどる。　（榎本渉）

武家文化と同朋衆　村井康彦

足利将軍家に仕え、茶や花、香、室礼等を担ったクリエイター集団「同朋衆」。日本らしさの源流を生んだ彼らの実像をはじめて明らかにする。　（橋本雄）

古代史おさらい帖　森浩一

考古学・古代史の重鎮が、「土地」「年代」「人」の基本概念を徹底的に再検証。「古代史」をめぐる諸問題の見取り図がわかる名著。

大元帥 昭和天皇　山田朗

昭和天皇は、豊富な軍事知識と非凡な戦略・戦術眼の持ち主でもあった。軍事を統帥する大元帥としての積極的な戦争指導の実像を描く。　（茶谷誠一）

明治富豪史　横山源之助

維新そっちのけで海外投資に励み、贋札を発行してまで資本の蓄積に邁進する新興企業家・財閥創業者たちの姿を明らかにした明治裏面史。　（色川大吉）

つくられた卑弥呼　義江明子

邪馬台国の卑弥呼は「神秘的な巫女」だった？　明治以降に創られたイメージを覆し、古代の女性支配者たちを政治的実権を持つ王として位置づけなおす。

北一輝　渡辺京二

明治天皇制国家を批判し、のち二・二六事件に連座して刑死した日本最大の政治思想家北一輝の生涯。第33回毎日出版文化賞受賞の名著。　（臼井隆一郎）

資本主義と奴隷制
エリック・ウィリアムズ　中山毅 訳
産業革命は勤勉と禁欲と合理主義の精神などではなく、黒人奴隷の血と汗がもたらしたことを告発した歴史的名著。待望の文庫化。（川北稔）

中華人民共和国史十五講
王丹　加藤敬事 訳
八九年天安門事件の学生リーダー王丹。逮捕・収監後、亡命先で母国の歴史を学び直し、敗者たちの透徹した認識を復元する、鎮魂の共和国六〇年史。

増補 中国「反日」の源流
岡本隆司
「愛国」が「反日」と結びつく中国。この心情は何に由来するのか。近代史の大家が20世紀の日中関係を解き、中国の論理を描き切る。（五百旗頭薫）

世界システム論講義
川北稔
近代の世界史を有機的な展開過程として捉える見方、それが〈世界システム論〉にほかならない。第一人者が豊富なトピックとともにこの理論を解説する。

インド文化入門
辛島昇
異なる宗教・言語・文化が多様なまま統一された稀有な国インド。なぜ多様性は排除されなかったのか。共存の思想をインドの歴史に学ぶ。（竹中千春）

中国の歴史
岸本美緒
中国とは何か。独特の道筋をたどった中国社会の変遷を、東アジアとの関係に留意して解説。初期王朝から現代に至る通史を簡明かつダイナミックに描く。

大都会の誕生
喜安朗　川北稔
都市型の生活様式は、歴史的にどのように形成されてきたのか。この魅力的な問いに、碩学がふたつの都市の豊富な事例をふまえて重層的に描写する。

共産主義黒書〈ソ連篇〉
ステファヌ・クルトワ／ニコラ・ヴェルト　外川継男 訳
史上初の共産主義国家〈ソ連〉は、大量殺人・テロル・強制収容所を統治形態にまで高めた。レーニン以来行われてきた犯罪を赤裸々に暴いた衝撃の書。

共産主義黒書〈アジア篇〉
ステファヌ・クルトワ／ジャン＝ルイ・マルゴラン　高橋武智 訳
アジアの共産主義国家は抑圧政策においてソ連以上の悲惨を生んだ。中国、北朝鮮、カンボジアなどでの実態は我々に歴史の重さを突き付けてやまない。

ちくま学芸文庫

増補《ぞうほ》 中世日本《ちゅうせいにほん》の内《うち》と外《そと》

二〇一三年三月十日 第一刷発行
二〇二一年四月十日 第二刷発行

著者 村井章介（むらい・しょうすけ）
発行者 喜入冬子
発行所 株式会社 筑摩書房
東京都台東区蔵前二―五―三 〒一一一―八七五五
電話番号 〇三―五六八七―二六〇一（代表）

装幀者 安野光雅
印刷所 三松堂印刷株式会社
製本所 三松堂印刷株式会社

ISBN978-4-480-09522-0 C0121